DANS LA LENTILLE DE

Il PLEUVAIT *des* OISEAUX

Catalogage avant publication de Bibliothèque et Archives nationales du Québec et Bibliothèque et Archives Canada

Titre: Dans la lentille de « Il pleuvait des oiseaux », d'après le roman de Jocelyne Saucier et le film de Louise Archambault / Les Films Outsiders; préfaces de Jocelyne Saucier et Louise Archambault.
Noms: Saucier, Jocelyne, 1948- préfacier. | Archambault, Louise, préfacier. | Films Outsiders (Firme), auteur.
Identifiants: Canadiana (livre imprimé) 20190028181 | Canadiana (livre numérique) 2019002819X | ISBN 9782897722029 | ISBN 9782897722036 (PDF)
Vedettes-matière: RVM: Il pleuvait des oiseaux (Film) | RVM: Il pleuvait des oiseaux (Film)—Ouvrages illustrés.
Classification: LCC PN1997.2.I4 D36 2019 | CDD 791.43/72—dc23

Les Éditions XYZ bénéficient du soutien financier du gouvernement du Québec par l'entremise du programme de crédit d'impôt pour l'édition de livres et de la Société de développement des entreprises culturelles du Québec (SODEC). L'éditeur remercie également le Conseil des arts du Canada de l'aide accordée à son programme de publication.

Financé par le gouvernement du Canada | Canada

Édition: Myriam Caron Belzile
Conception graphique et mise en page: René St-Amand
Graphisme de la couverture: René St-Amand
Image en couverture : Karine Savard © 2019, MK2 | MILE END. Tous droits réservés.
Révision linguistique: Isabelle Pauzé

ISBN version imprimée: 978-2-89772-202-9
ISBN version numérique (PDF): 978-2-89772-203-6

Dépôt légal: 3e trimestre 2019
Bibliothèque et Archives nationales du Québec
Bibliothèque et Archives Canada

Diffusion/distribution au Canada:
Distribution HMH
1815, avenue De Lorimier
Montréal (Québec) H2K 3W6
www.distributionhmh.com

Diffusion/distribution en Europe:
Librairie du Québec/DNM
30, rue Gay-Lussac
75005 Paris, FRANCE
www.librairieduquebec.fr

Imprimé au Canada

D'APRÈS LE ROMAN DE JOCELYNE SAUCIER
ET LE FILM DE LOUISE ARCHAMBAULT

DANS LA LENTILLE DE *Il* PLEUVAIT *des* OISEAUX

XYZ

OUTSIDERS

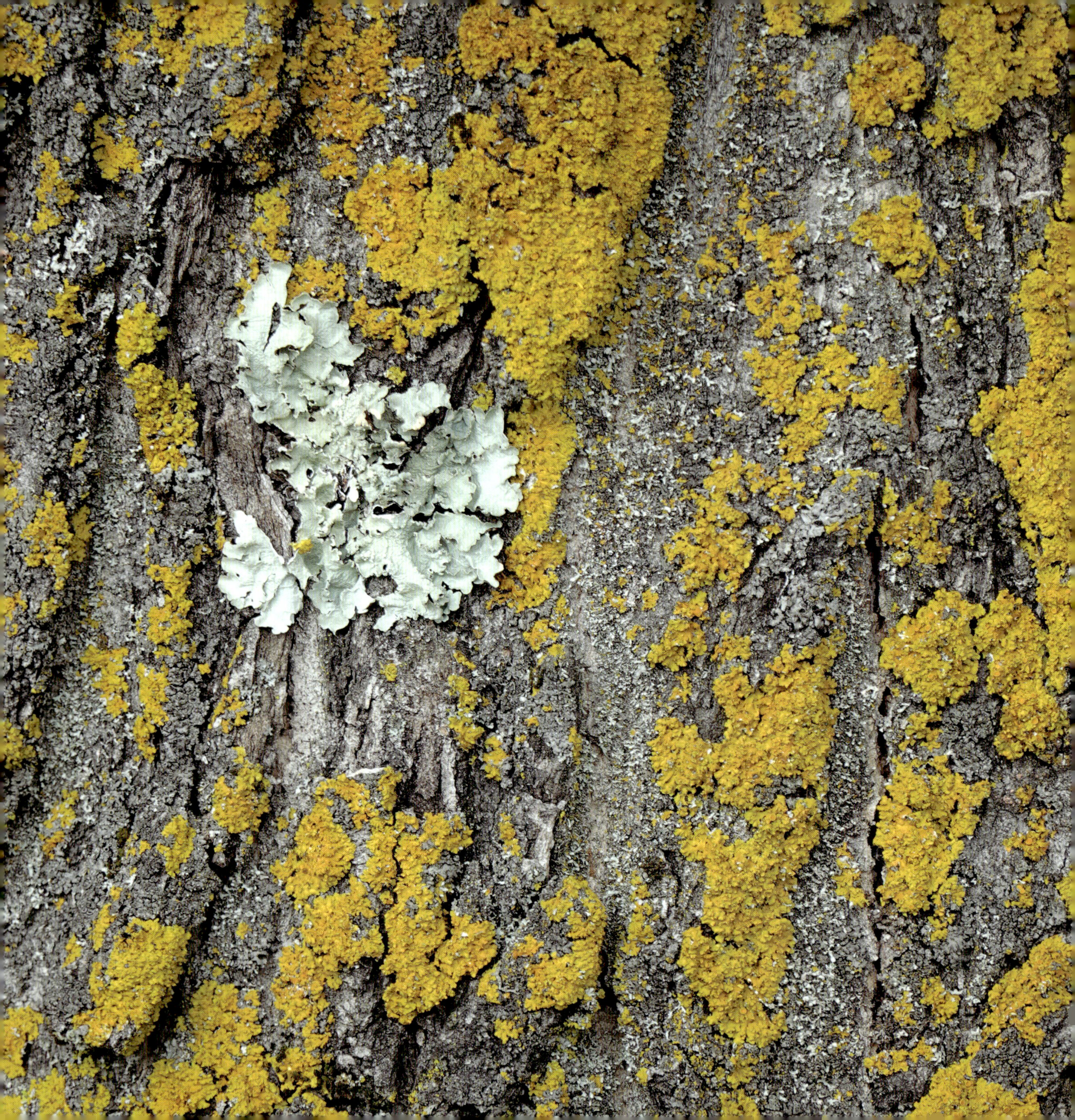

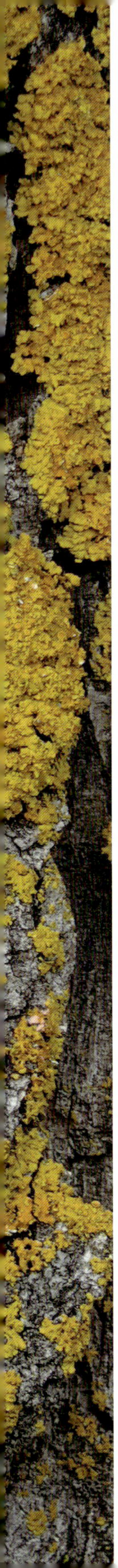

Table des matières

PRÉFACE DE

Jocelyne Saucier

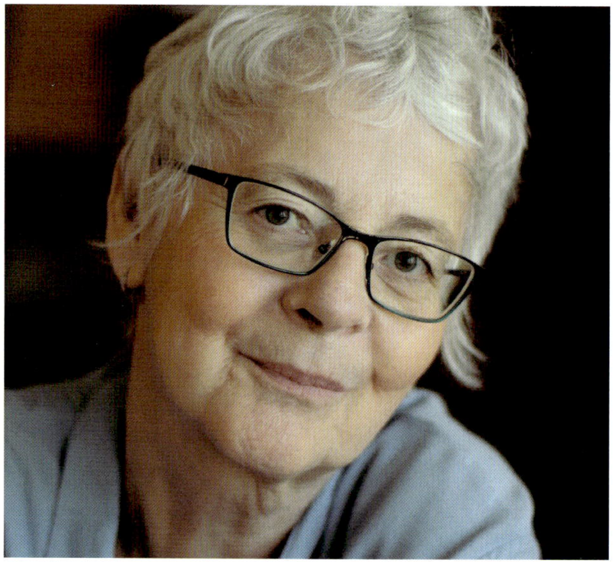

On m'a demandé et on me demande encore si je me suis sentie dépossédée de mon roman, si j'ai craint que le film n'en pervertisse l'esprit et autres sentiments ombrageux qui pourraient me tordre le cœur. Rien de cela. J'étais avant toute chose curieuse de voir les images que mes mots avaient fait surgir dans l'imaginaire de Louise Archambault. Un rare privilège, je le sais pour avoir entendu des lecteurs me parler d'un *Il pleuvait des oiseaux*... qui n'était pas tout à fait le même que celui que j'avais écrit. Ils l'avaient reconstruit à la lumière de leur vécu, leur sensibilité, leurs émotions. À un point tel que j'avais parfois l'impression que le livre qu'ils avaient lu était meilleur que celui que j'avais écrit. J'aimerais bien pouvoir me promener dans leur imaginaire à mon tour et lire *leur* roman. Mais bien entendu, c'est là un privilège réservé au lecteur. Lui seul grâce aux caractères imprimés sur la page dont il fait des mots, des sons, des odeurs, des images peut entrer librement dans mon univers. Mais moi je n'ai rien à décoder qui me permette d'aller dans le sien.

Et voilà que m'était donnée la possibilité d'entrer dans le *Il pleuvait des oiseaux* de Louise Archambault et bien davantage car il y a aussi celui d'Andrée Lachapelle, de Gilbert Sicotte, de Rémy Girard, d'Éric Robidoux, d'Eve Landry, des autres acteurs, des techniciens, des accessoiristes et maquilleurs, etc. qui chacun ont donné leur propre texture, leur propre couleur aux lieux et aux personnages de cette histoire.

Je suis allée à la Forêt Montmorency, là où on tournait les scènes de forêt. J'ai vu le lac, les sentiers, les cabanes de Charlie et de Boychuck. J'ai vu les vieilleries qu'on avait pris soin de laisser traîner dans les sentiers pour marquer le passage de mes vieux ermites des bois. J'ai vu les tableaux de Marc Séguin dans l'encombrement empoussiéré de la cabane de Boychuck. J'ai vu les lieux nés de mes mots vivre de leur propre vie. Et j'ai assisté au tournage d'une scène qui m'a particulièrement impressionnée. Que je vous raconte...

La scène en soi n'était pourtant pas marquante. Tom (Rémy Girard) arrive à la cabane de Charlie (Gilbert Sicotte) et réclame sa bouteille de scotch. Il y a altercation entre les deux hommes et même échange de coups. Il tombait ce jour-là une petite bruine sur la Forêt Montmorency. Entre les prises de vue, la maquilleuse et le coiffeur venaient faire des retouches, on replaçait des accessoires, on s'activait au séchoir pour déshumidifier les vêtements de Gilbert et de Rémy pendant que Louise discutait du prochain angle de vue avec le directeur photo et le caméraman. En tout, il aura fallu neuf prises, trois heures de tournage et une équipe de cinquante personnes pour tourner une scène qui fait une minute à l'écran. J'ai senti une grande paix m'envahir sans comprendre d'où elle me venait.

C'est sur la longue route du retour (1000 kilomètres pour rejoindre ma lointaine Abitibi) en déroulant le fil des journées passées à la Forêt Montmorency que j'ai compris. J'avais fait la paix avec moi-même. Je m'étais absoute de toutes ces heures, tous ces atermoiements devant mon ordinateur. Je pouvais désormais passer une journée entière à me triturer les méninges pour n'en sortir qu'une seule page et même parfois un pauvre petit paragraphe sans m'en culpabiliser ou croire que c'était là une mince récolte.

Je revoyais l'accessoiriste qui avec son torchon humide déposait une traînée de boue liquide sur le VTT de Charlie, une autre traînée ailleurs, puis revenait à la première, l'effaçait, reculait d'un pas pour voir l'effet obtenu, la retraçait et ainsi de suite. Comme moi avec ma virgule que j'enlève, que je déplace, que je remets pour la sonorité de la phrase, son rythme, le léger décalage que je viens de créer et qui donne une nouvelle coloration à la phrase.

La création est affaire de dévotion. Peu importe qu'il s'agisse de cinéma, de littérature ou de sculpture, tous ceux qui s'y sont frottés savent que l'œuvre à venir se tisse dans une infinité de détails qui portent l'intention première de son créateur et lui donnent tout son sens.

Il y a dans *Il pleuvait des oiseaux*, le film, depuis le tout début de l'aventure, une attention soutenue et fervente à faire advenir un univers dans ses moindres retranchements. Je me réjouis d'avoir été témoin de cette aventure.

PRÉFACE DE

Louise Archambault

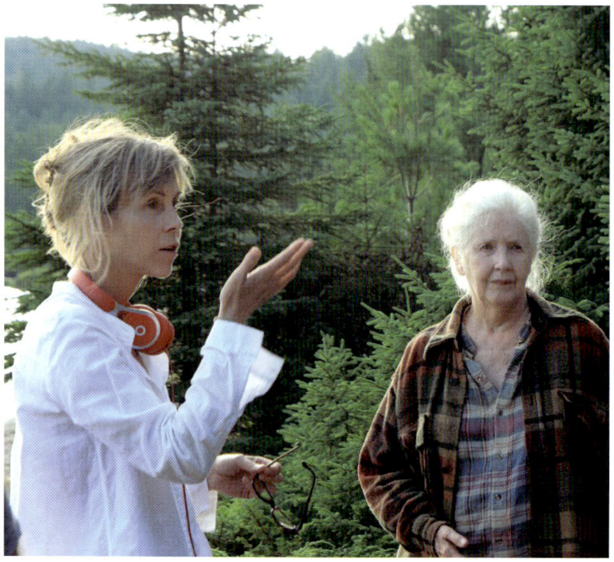

Si j'ai fait un film du roman *Il pleuvait des oiseaux*, vous vous doutez bien que j'ai été envoûtée par son univers singulier. Je « voyais » ces cabanes d'ermites cachées dans les bois, ces lacs sombres voilés de brume ; je « sentais » l'odeur de la forêt humide, du lichen, et du poêle à bois ; je « vivais » le quotidien de ces hommes, au vécu chargé et multiple. Et j'étais captivée par Gertrude/Marie-Desneige, cette nouvelle ermite de 80 ans qui apporte un nouveau souffle malgré son passé cloisonné dans la folie. Ces personnages au parcours inhabituel, dépeints à l'état brut, m'habitaient, m'emplissaient le cœur et l'âme. D'une façon simple, leurs histoires racontaient quelque chose de grand, de plus grand que moi. J'y ai vu une ode à la vie et à l'amour, au sujet universel, qui ouvre le regard sur l'Autre, sur la différence. Je voulais en faire un film empreint d'espoir et de grâce.

J'ai demandé à Jocelyne de me raconter son parcours d'écriture, ses références historiques et personnelles. Elle m'a fait confiance, m'accompagnant de loin, en toute liberté, me faisant cadeau de son charisme et de son ouverture. Pour des besoins narratifs propres au cinéma, j'ai dû faire plusieurs changements, comme réorganiser la courbe temporelle, fusionner des personnages, ou ajouter des rituels, telle la baignade quotidienne des ermites. J'ai éprouvé un étrange plaisir sensoriel pendant l'écriture du scénario : j'entrais dans un état second, comme si j'étais téléportée dans cette forêt de mousse. Après mes sessions de travail, il y avait un flottement, un petit délai avant que je revienne dans le concret de mon quotidien.

Il y avait un certain défi à transposer les peintures d'un personnage à l'écran. Lorsque j'imaginais les tableaux de Boychuck, ce sont les œuvres de Marc Séguin qui s'imposaient. Pour son style, sa fougue, sa vérité, son originalité. Marc a lu le roman. Il comprenait le personnage de Boychuck. Plus encore, il était persuadé que Jocelyne s'était inspirée de sa série « Forêt » alors qu'elle n'avait pas cette référence. Deux créateurs dont l'univers se sont croisés. Marc a magnifié l'idée que je me faisais de ces œuvres.

Une rencontre similaire s'est produite avec les membres du groupe Will Driving West. Leur musique m'a accompagnée pendant l'écriture. Alors que j'étais sur le point de leur proposer de composer la musique originale du film, David Ratté, l'auteur-compositeur du groupe, m'a envoyé un nouvel opus, créé avec Andréa, son amoureuse. Leurs nouvelles pièces instrumentales étaient exactement ce que j'imaginais sur les images de mon film. J'ai pensé qu'ils savaient que je les voulais collaborer avec eux sur *Il pleuvait des oiseaux*. La synchronicité, ça doit être cela.

Au moment d'impliquer les actrices et acteurs dans le processus créatif, j'ai découvert combien autant Andrée que Gilbert, Rémy, Eve, Éric, Louise, Marie-Ginette et les autres, avaient eux aussi un fort désir de rendre hommage à ce récit et ses personnages atypiques. La même énergie habitait l'équipe créative qui s'est installée dans une forêt sans eau courante ni électricité, peuplée d'orignaux et autres bestioles boréales, et qui a travaillé sans relâche pour recréer l'environnement des ermites. Il faut dire qu'habiter tous ensemble dans une forêt reculée, avec des installations minimales, à partager toilettes, douches, repas, quatre-roues et intimité, crée des liens étroits, comme dans une famille. Le premier matin de tournage, à l'aube, je me brossais les dents, en pyjama, les cheveux en bataille, et voilà qu'Andrée Lachapelle est sortie de la toilette commune, en robe de chambre. Nos regards endormis se sont croisés dans le miroir. Quand on s'est reconnues, on a éclaté de rire. Ça a donné le ton à l'aventure. C'est sans parler d'Andrée qui apprenait ses textes dans le noir avec une lampe frontale, de Gilbert qui se lavait dans un lac avec des sangsues, de Rémy qui insistait pour faire ses propres cascades, nu comme un ver.

À travers toutes ces étapes, j'ai tenté de tendre les bras, telle une courroie de transmission entre le roman et le film. Durant cette longue fabrication, je ne pouvais pas prédire le résultat. Je pouvais néanmoins sentir combien nous avions la même volonté de partager avec les spectateurs toute cette beauté et cette humanité.

PRÉFACE DE

Ginette Petit

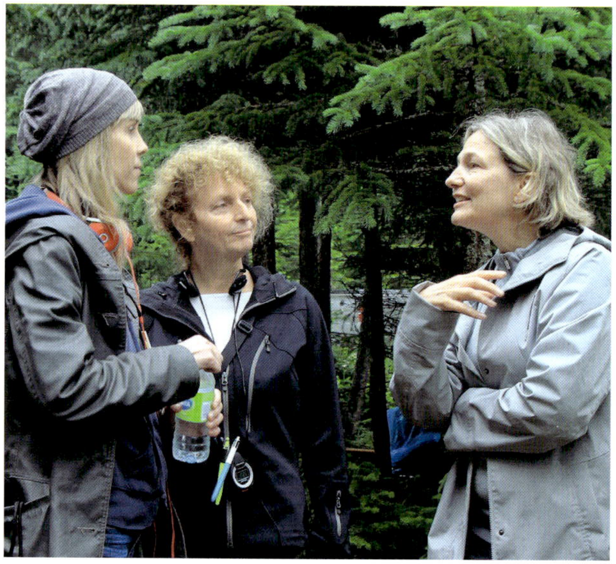

Je ne crois pas au hasard. Je crois dans la synchronicité des évènements et dans la force tranquille qui en découle lorsque nous sommes à l'écoute de cette petite voix intérieure qui nous pousse à dépasser nos limites. Sur mon parcours, depuis toujours, un film se dessine, prend forme. Ce film doit impérativement parler de nature, de liberté et de sentiments humains véritables. Produire demande une grande souplesse d'adaptation puisque chaque histoire amène ses sujets et ses thèmes. De l'achat des droits d'adaptation du roman à la sortie en salles du film : toutes les étapes exigent une attention particulière, mais une force invisible me pousse à toujours aller de l'avant malgré les embûches et les écueils.

C'est en mars 2012, à trois heures du matin que j'ai terminé ma première lecture du roman *Il pleuvait des oiseaux*. J'étais littéralement en transe. Je voyais le film derrière ce fabuleux récit. Je devais produire cette histoire. Après ma rencontre avec

Louise Archambault, en avril 2012, j'ai su que nous allions faire ce projet ensemble. C'est comme si tout s'alignait. La grande sensibilité artistique de Louise, ainsi que son approche réaliste et sa vision unique faisaient d'elle la réalisatrice parfaite pour mettre au monde cette adaptation. *Il pleuvait des oiseaux* s'inscrit logiquement dans la continuité de ses longs métrages précédents, *Familia* et *Gabrielle*.

Il pleuvait des oiseaux nous dévoile une histoire d'amour véritable et improbable sur fond de forêt, de pluie et de peaux d'animaux. Les mots évoquant le récit sont nombreux : liberté, solitude, changements, souveraineté, authenticité, espoir. Mais le plus important de tous est amour : l'amour entre humains, l'amour de la nature, l'amour de la vie.

Le roman de Jocelyne Saucier est une proposition douce et forte à la fois, pleine d'humanité : il confère une voix à des personnages sensibles, forts et fragiles, porteurs d'un message universel. Il en résulte un récit qui trouve aujourd'hui écho dans plusieurs pays et émeut des gens de toutes les nationalités.

D'emblée, le récit intrigue. Cette incursion dans un monde insolite ravit. C'est pour prolonger cet état de grâce que j'ai voulu revisiter autrement les thèmes développés dans l'histoire, les faire s'éclater dans un livre de facture visuelle. Je me suis promenée sur les lieux de notre tournage, avant et après notre passage pour prendre des photos de la nature, des textures de la forêt. Je voulais à tout prix transcender cette expérience et la transmettre de manière poétique et sensorielle. J'ai aussi trouvé à même la matière du film des images propres à susciter rêves et frissons. Des œuvres d'art tissent en effet le fil conducteur de ce récit émouvant : il y a les photographies qui constitueront l'exposition sur les survivants des Grands Feux, les toiles de Boychuck… Je tiens d'ailleurs à souligner l'apport exceptionnel de Mathieu Laverdière et de Marc Séguin au film.

Un film, comme une maison, se bâtit une étape à la fois, requiert la collaboration de mille expertises. Cet édifice si soigné, j'ai eu envie de vous inviter à en pousser, encore une fois, la porte pour une visite libre, à en parcourir à loisir les plus belles pièces, à regarder par les carreaux des fenêtres s'ouvrant sur l'immensité de la forêt. Dans chaque pièce flotte le parfum des mots de Jocelyne Saucier et aux murs les images de l'imaginaire de Louise Archambault nous convient à partir à l'aventure.

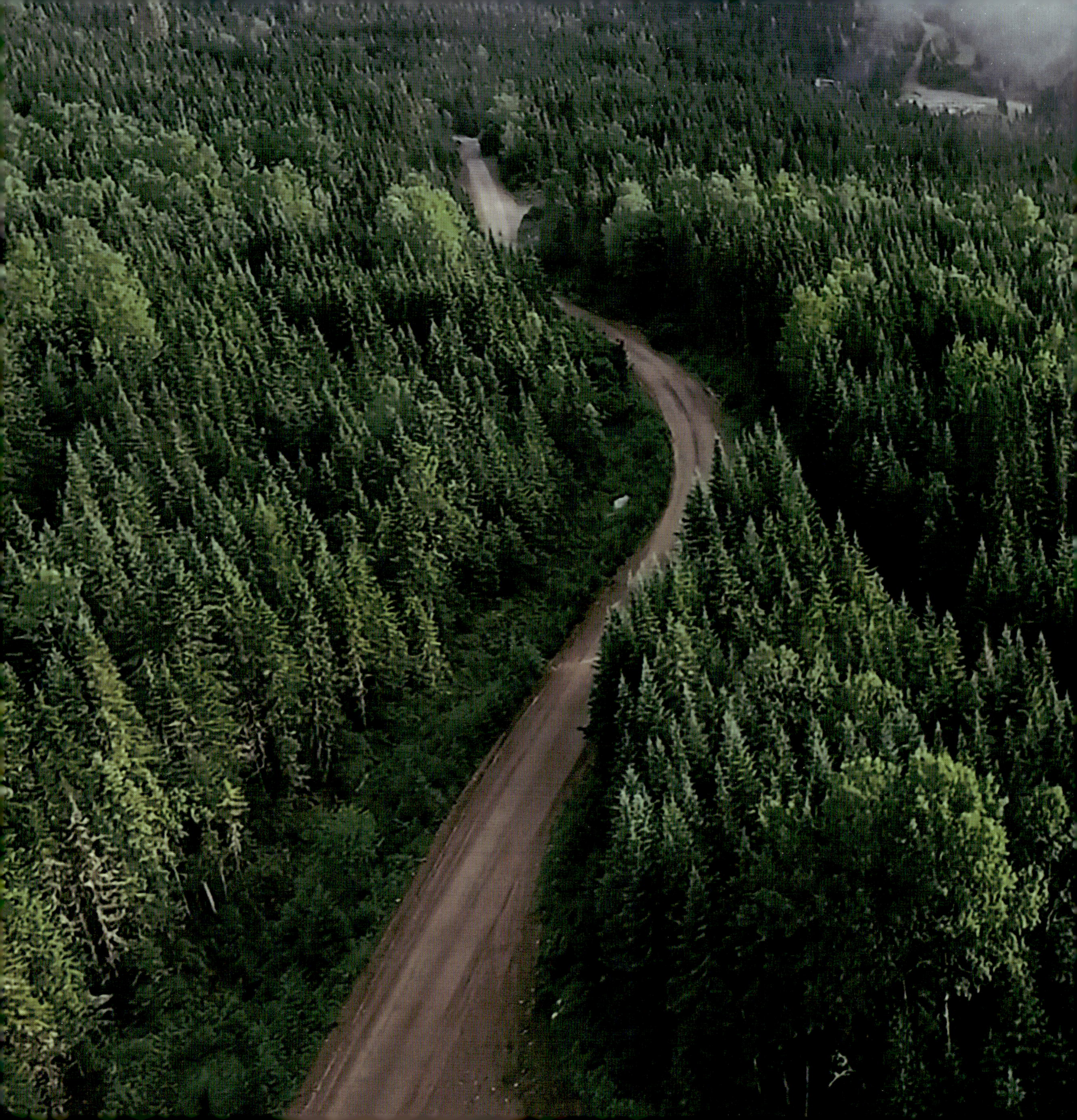

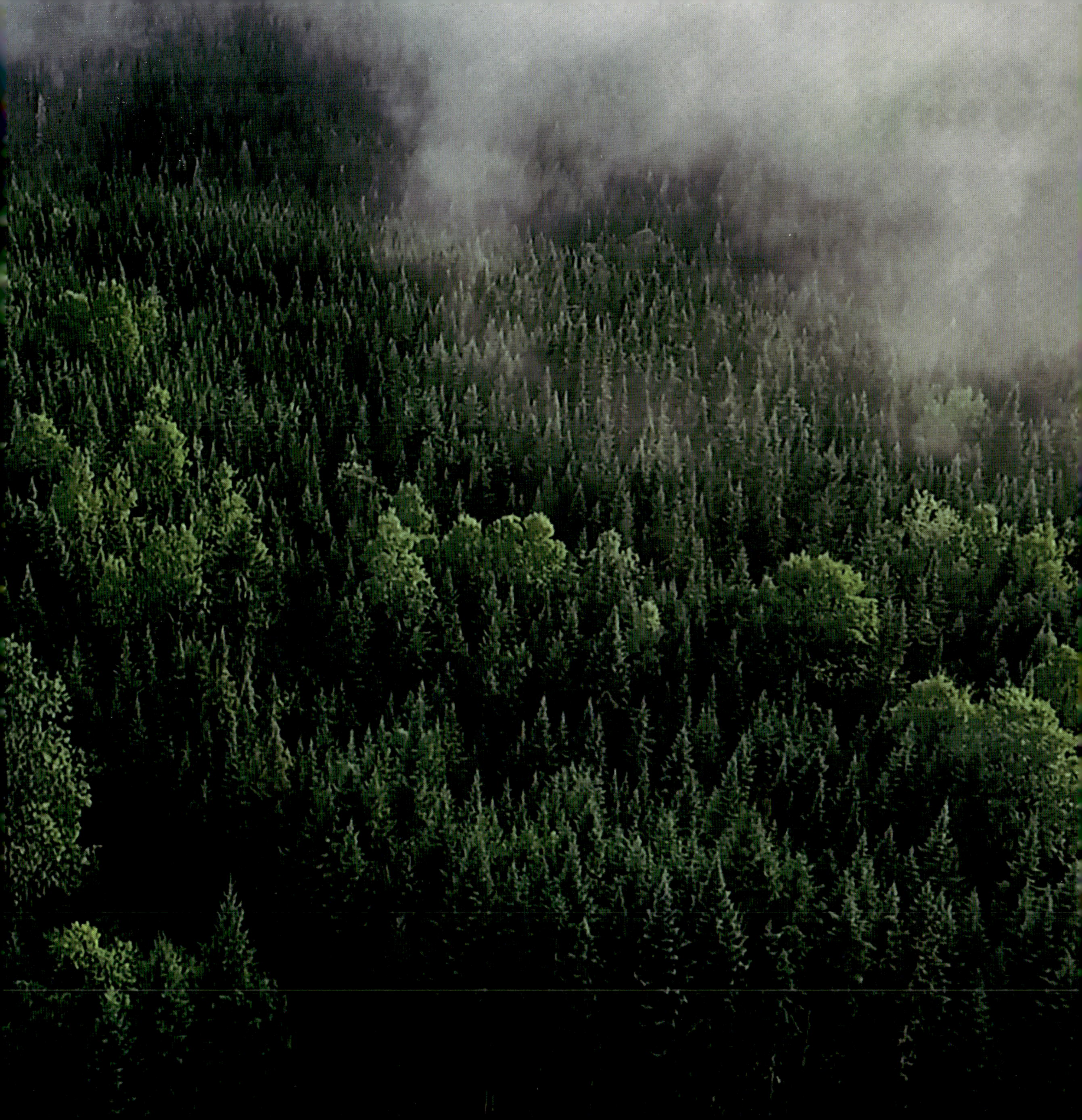

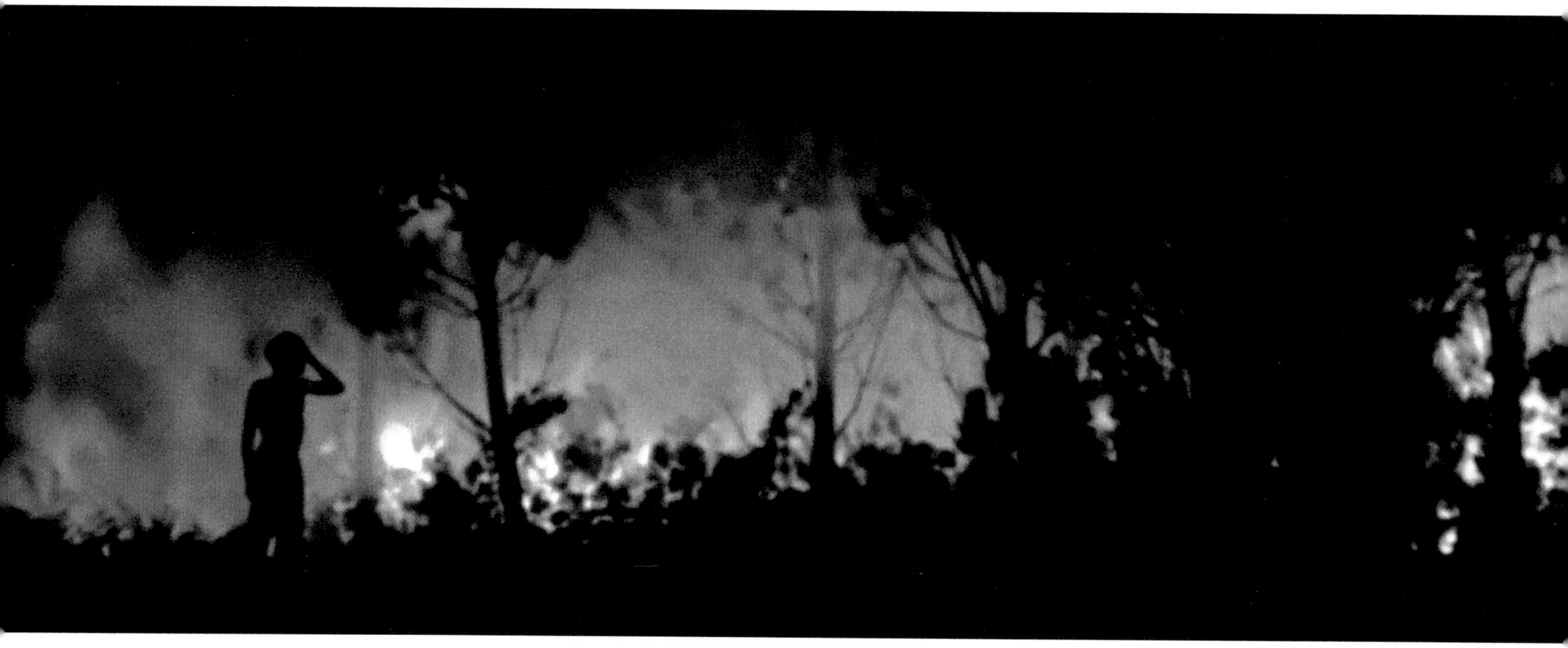

Il pleuvait des oiseaux...

Quand une photographe à la recherche des survivants des Grands Feux fait irruption dans leur monde, les ermites Tom et Charlie sont en deuil. Leur compagnon de solitude, Ted Boychuck, vient de mourir de sa belle mort, de celle qu'il espérait depuis des années au fond de leur forêt du Nord. Si elle offre une bienfaisante diversion, l'intrusion dans leur univers de cette femme aux intarissables questions les confrontera inévitablement au passé qu'ils ont voulu bannir de leurs vieux jours.

C'est toutefois l'arrivée de Marie-Desneige qui bouleversera le mieux, tout en douceur, les habitudes et les rituels de cette existence recluse qu'ils ont choisie. Privée de liberté et de contact avec la nature depuis plus de soixante ans, l'évadée trouvera parmi eux une chance de se bâtir une vie, tardivement accordée mais d'autant plus précieuse. Une vie façonnée par la liberté, l'amitié, et, peut-être, l'amour.

Si jamais Marie-Desneige, arrivée trop tard, ne pourra rencontrer Boychuck, elle découvrira des pans de son histoire à travers les centaines de toiles qu'il a laissées derrière : des paysages noircis de suie et rougis par endroits, ainsi qu'un visage, un seul, celui qui l'aura rattaché au monde. C'est la sensibilité bien particulière de la nouvelle venue qui leur permettra à tous de comprendre un peu mieux cet ami de peu de mots qui s'en est allé sans révéler ses secrets.

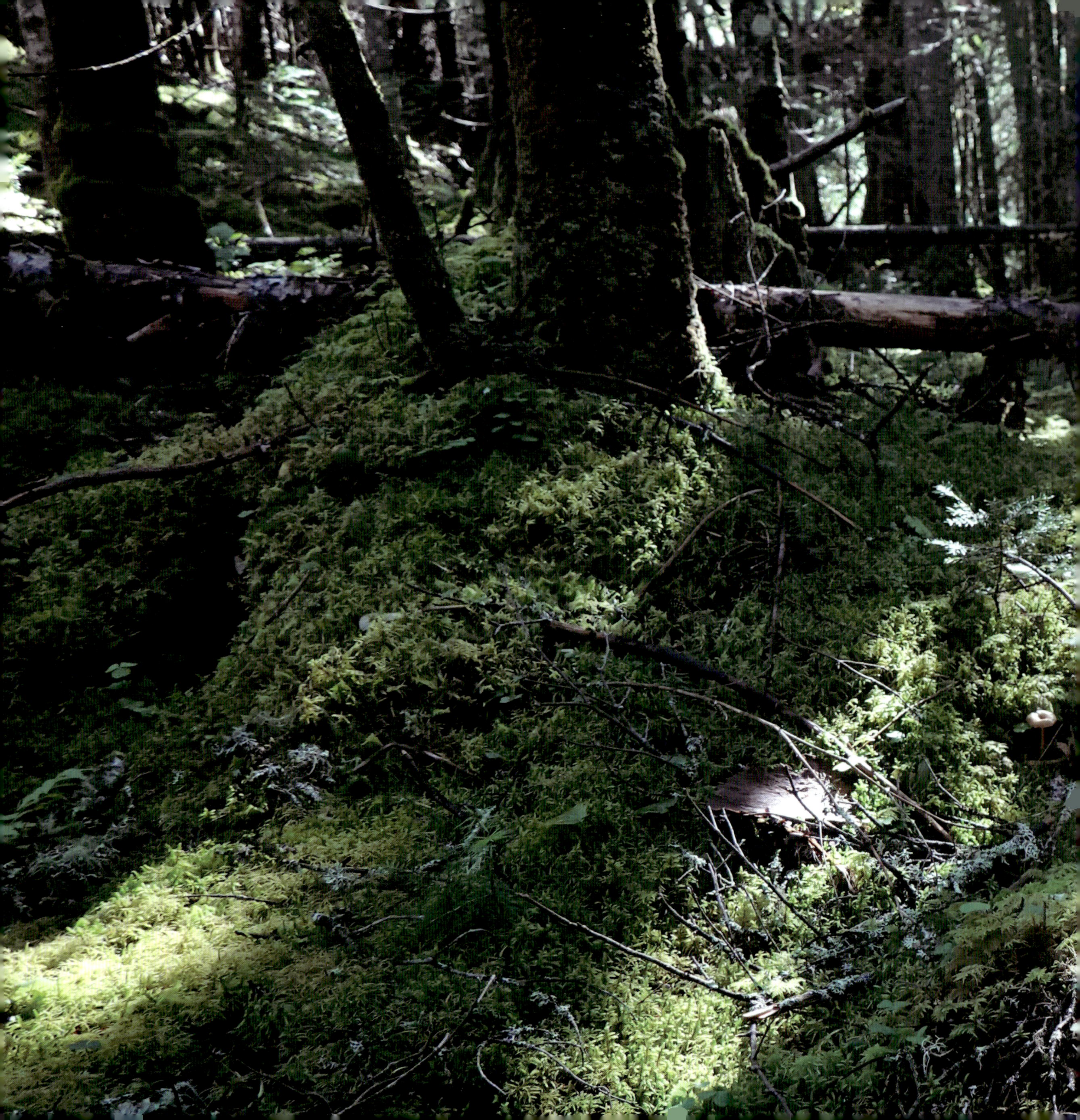

La forêt

DANS LES MOTS DE MARC SÉGUIN

Ma relation avec la forêt est changeante et elle évolue au fil du temps. Je me souviens d'avoir eu un sentiment romantique avec elle durant ma jeunesse. Et aujourd'hui, comme je l'habite et je la vis beaucoup, je comprends mieux ses cycles; la forêt est un écosystème plein de ressources. Elle supporte faune et flore en plus de fournir une matière utile à l'humain. J'ai surtout compris que dans de belles conditions, elle est renouvelable.

Évidemment, ailleurs, il y a cette métaphore «sauvage» aussi qui définit la forêt comme un lieu naturel et instinctif; celui d'une fuite et de la découverte de soi.

J'habite les deux.

La nature s'est insérée d'une manière très naturelle dans mes trucs. Elle fait partie de ma vie et de cet environnement que j'habite depuis toujours. Il est simple et normal qu'elle fasse partie du décor de mes envies. Je la peins et l'écris depuis toujours. Parce qu'elle existe simplement autour et en moi, comme un décor qui aurait une intelligence émotive et qui influence ma pensée.

Je n'ai pas vu de différence à m'inspirer de la nature décrite par Jocelyne Saucier, parce que c'est aussi celle que je connais. La nature, dans le roman, correspondait à des images que j'avais peintes en 2003-2004. Autrement dit, avant même que le roman *Il pleuvait des oiseaux* soit écrit, j'avais imaginé et peint ces paysages de forêts brûlées. Concours du destin ou concordance? J'ai eu le sentiment que Boychuck aurait fait des images comme les miennes.

Il m'a fallu comprendre et saisir Boychuck avant de le «faire peindre». C'est l'instinct qui m'a guidé. Un homme des bois qui commence à peindre, en cachette, n'a assurément pas une esthétique trop savante. Il peint avec l'idée qu'il peut se faire, avec ses limites, de sa capacité de représentation. Boychuck n'était pas un surdoué; c'était un homme équarri à la hache et sensible. De là, il est apparu évident qu'il devait peindre des tableaux simples et touchants, directs et empreints d'une beauté sincère et bouleversante. Comme la forêt.

« ON DIRAIT UN MONDE QUI SE DISSOUT. »

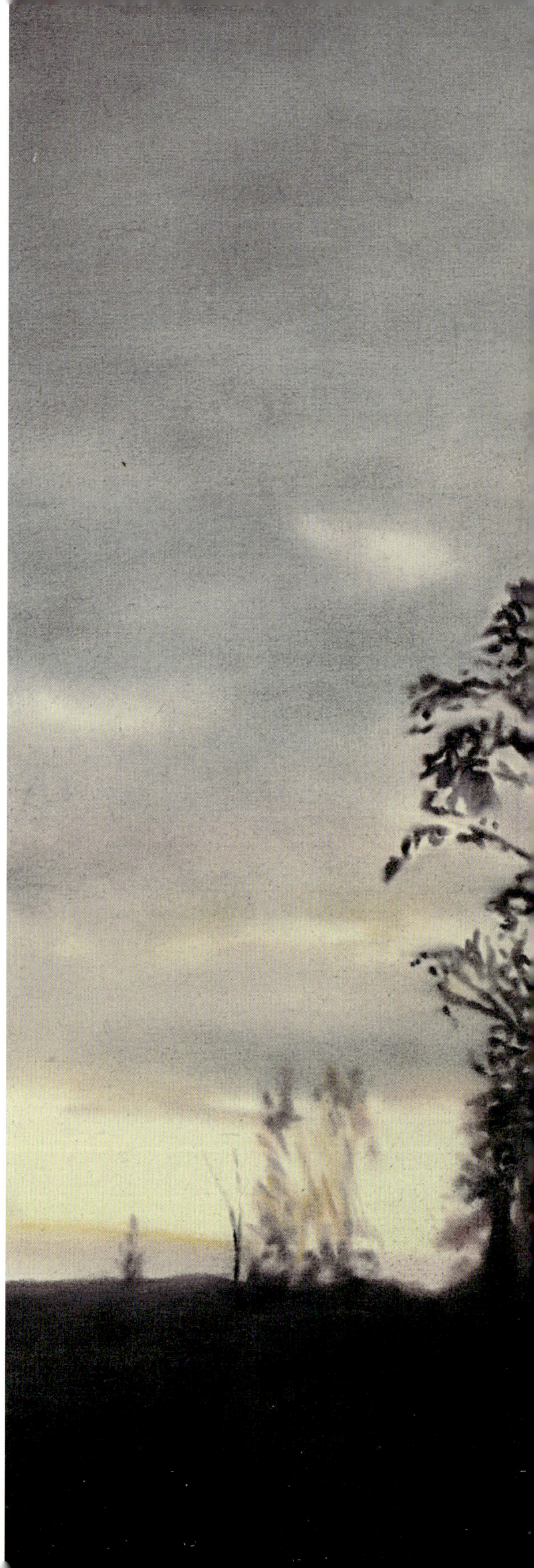

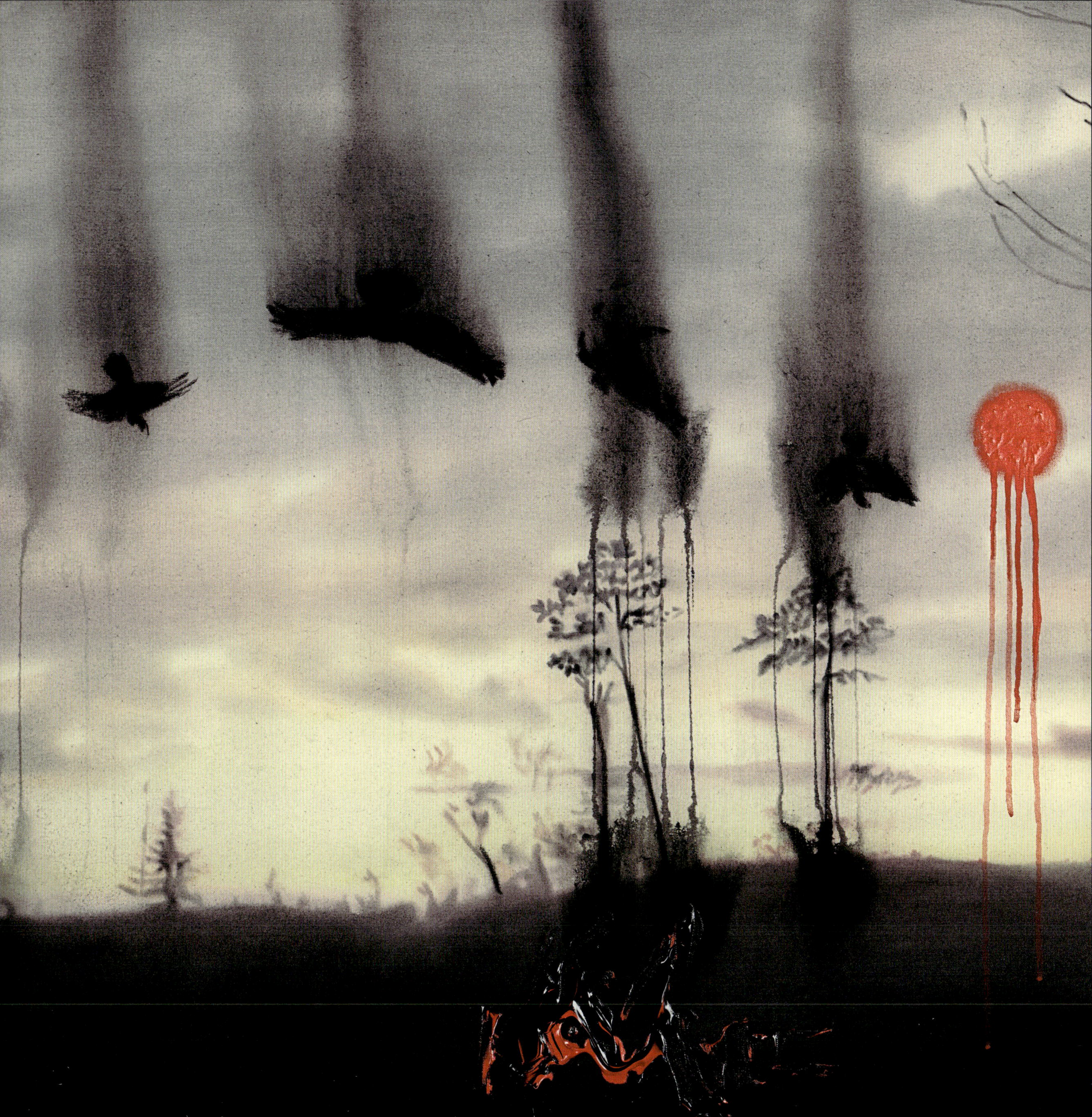

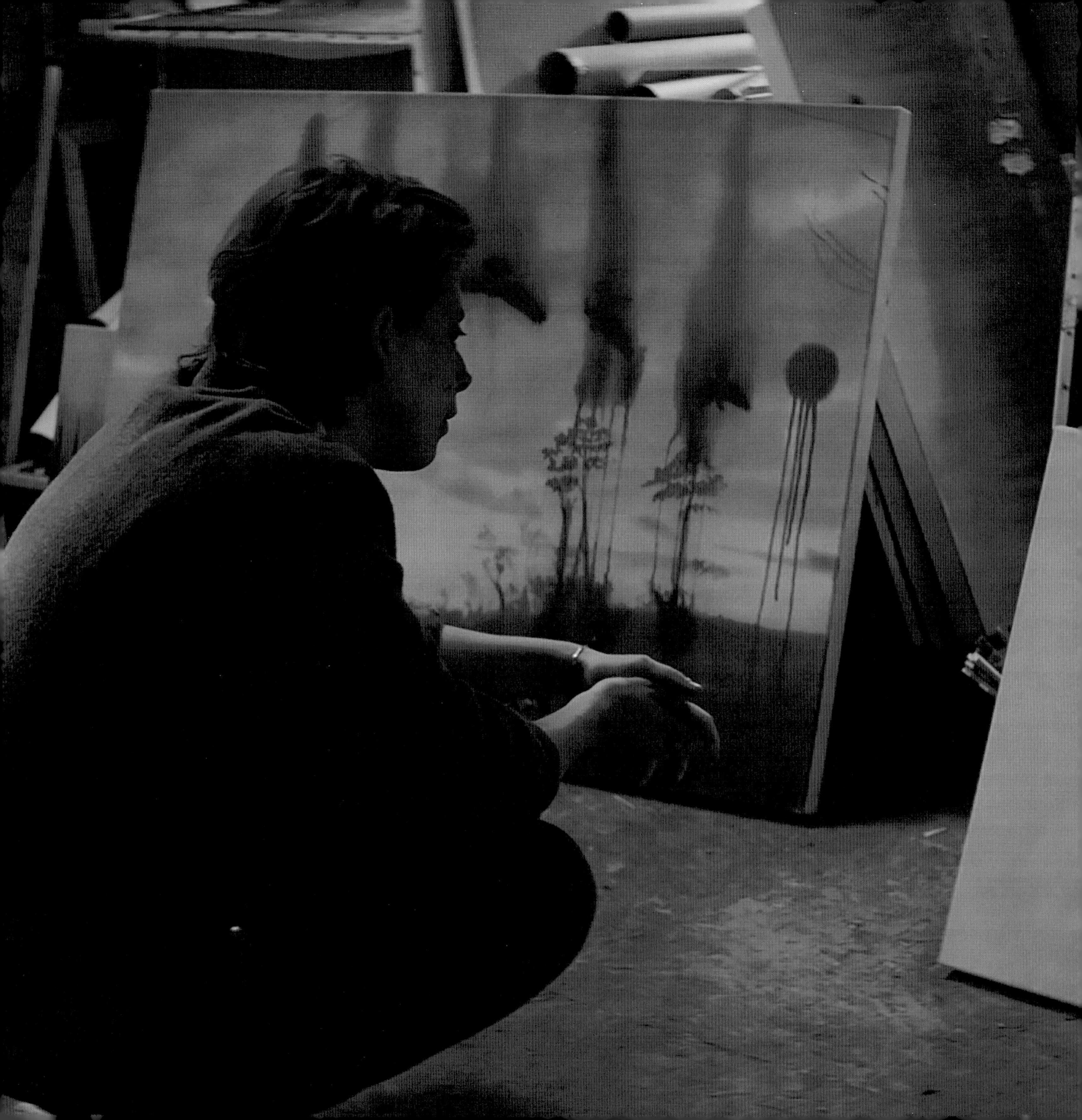

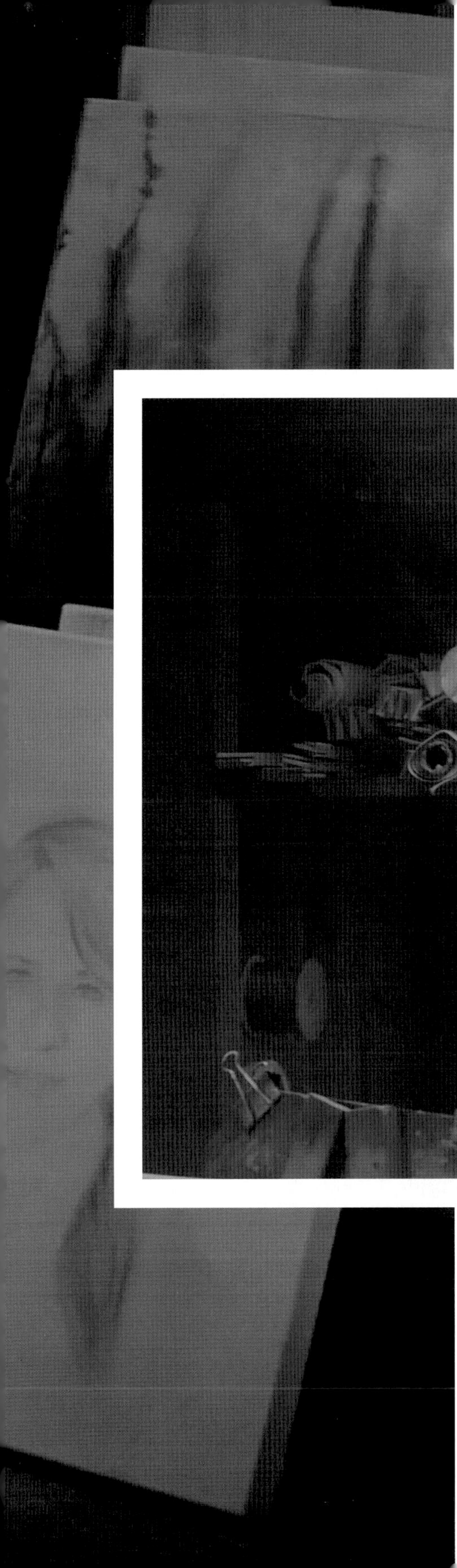

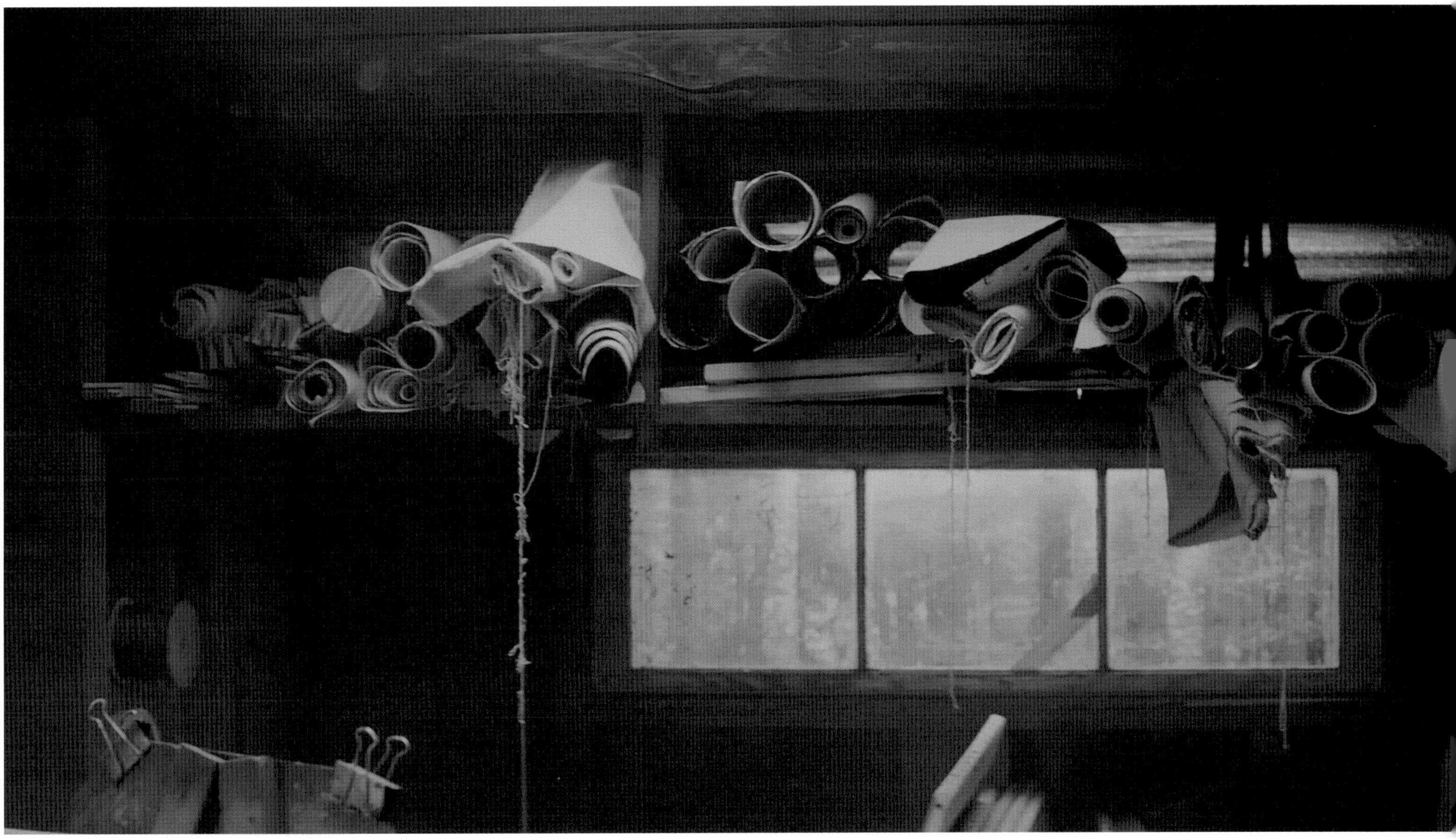

Une centaine de tableaux, la pluparts abstraits, sont couverts d'un épais sfumato, dominé par le noir et le gris, parsemés de traces de couleurs. Certains sont montés sur cadres, d'autres peints sur planches de bois, plusieurs toiles en lin sont enroulées.

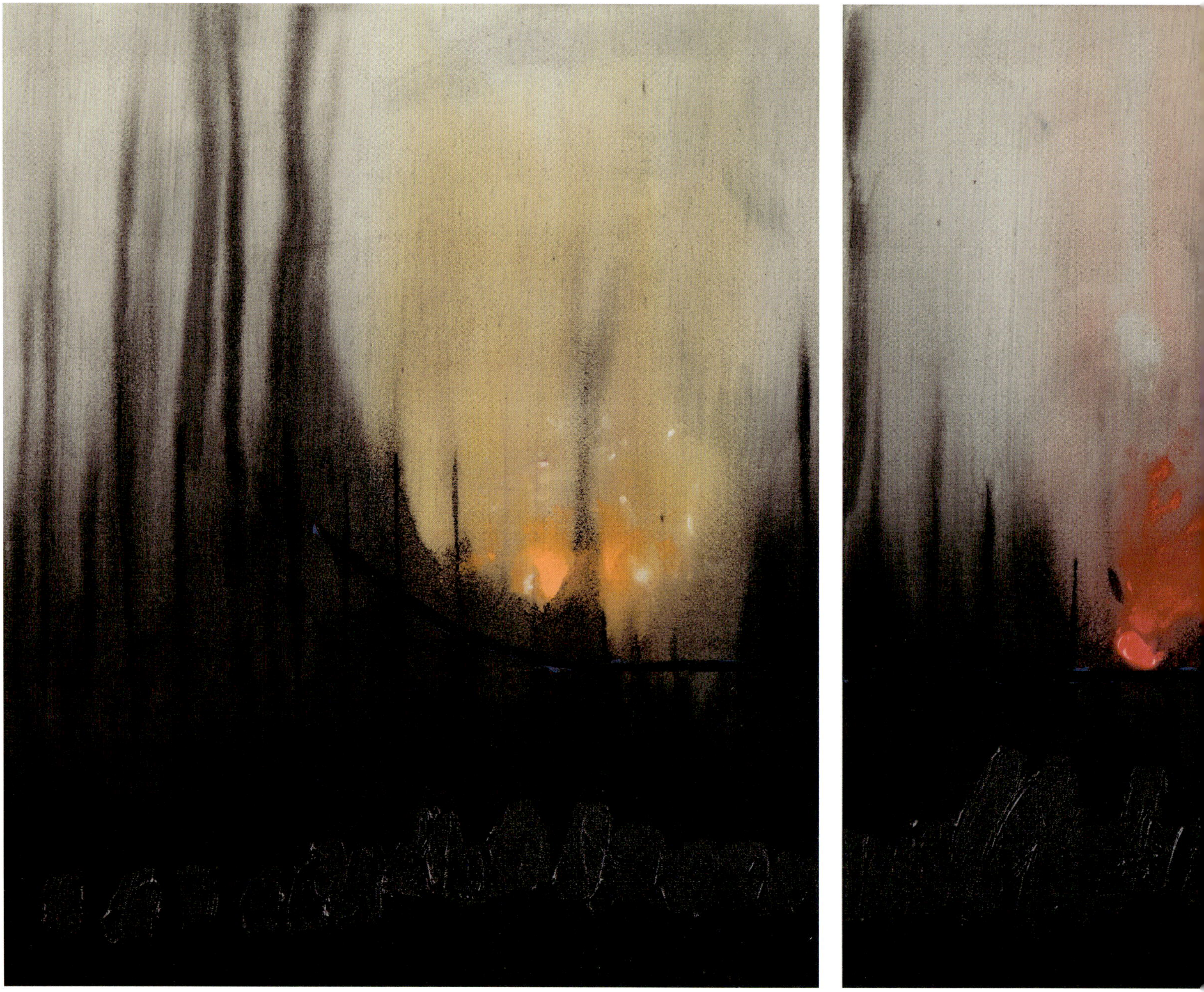

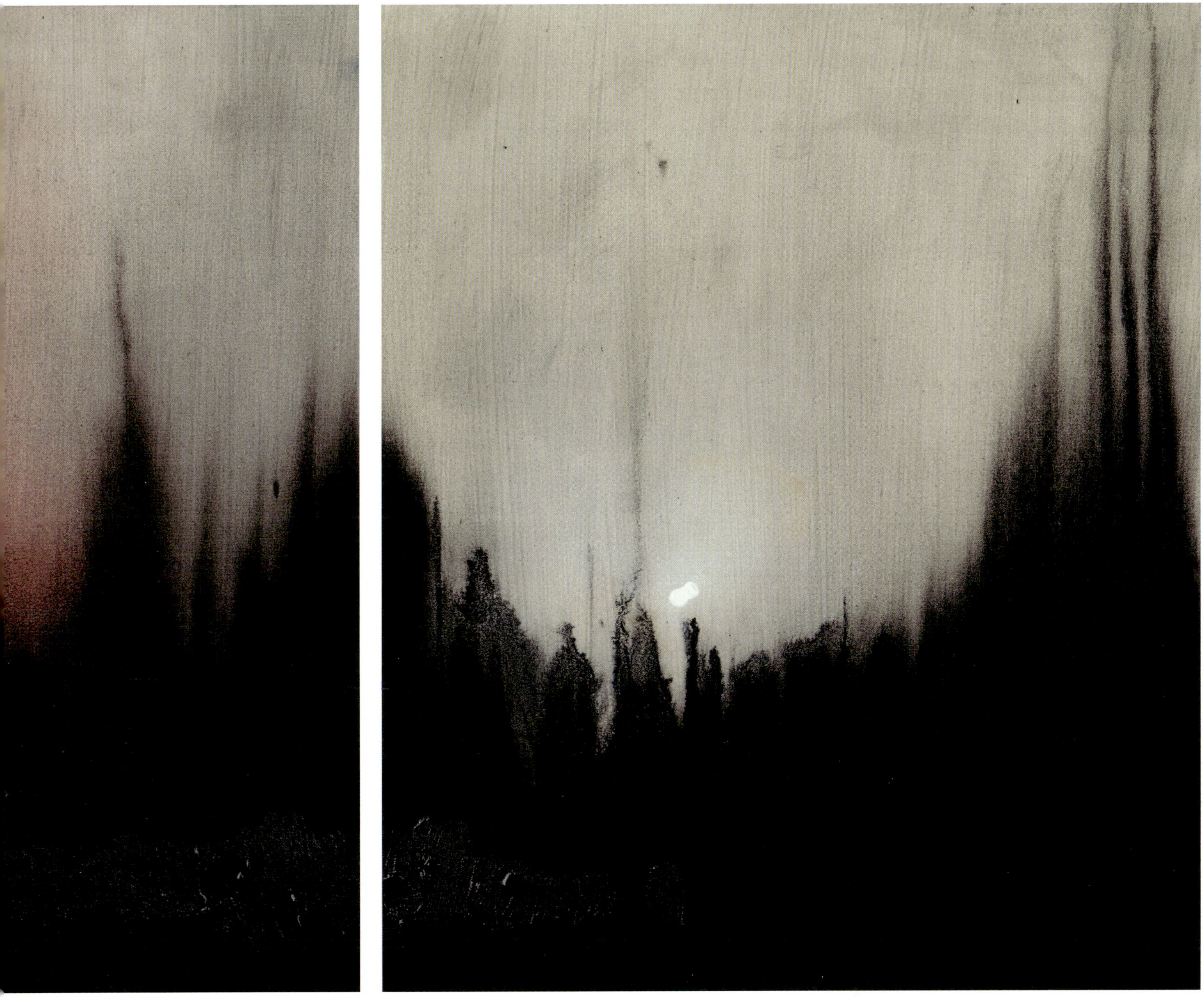

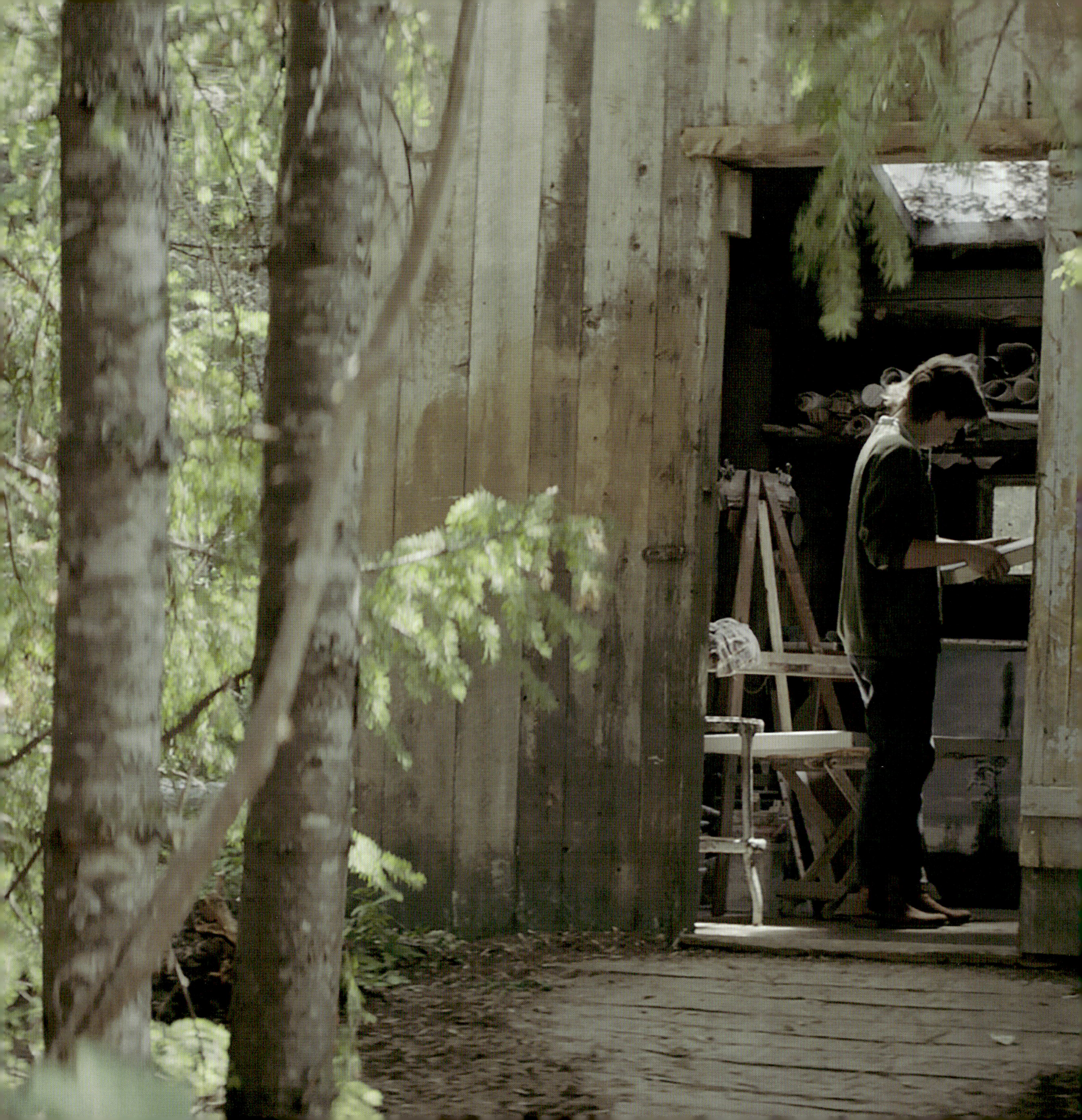

« IL A MARCHÉ DURANT SIX JOURS, SANS S'ARRÊTER. À REVENIR AUX MÊMES ENDROITS, LE CORPS EN LAMBEAUX, LE REGARD AVEUGLE. »

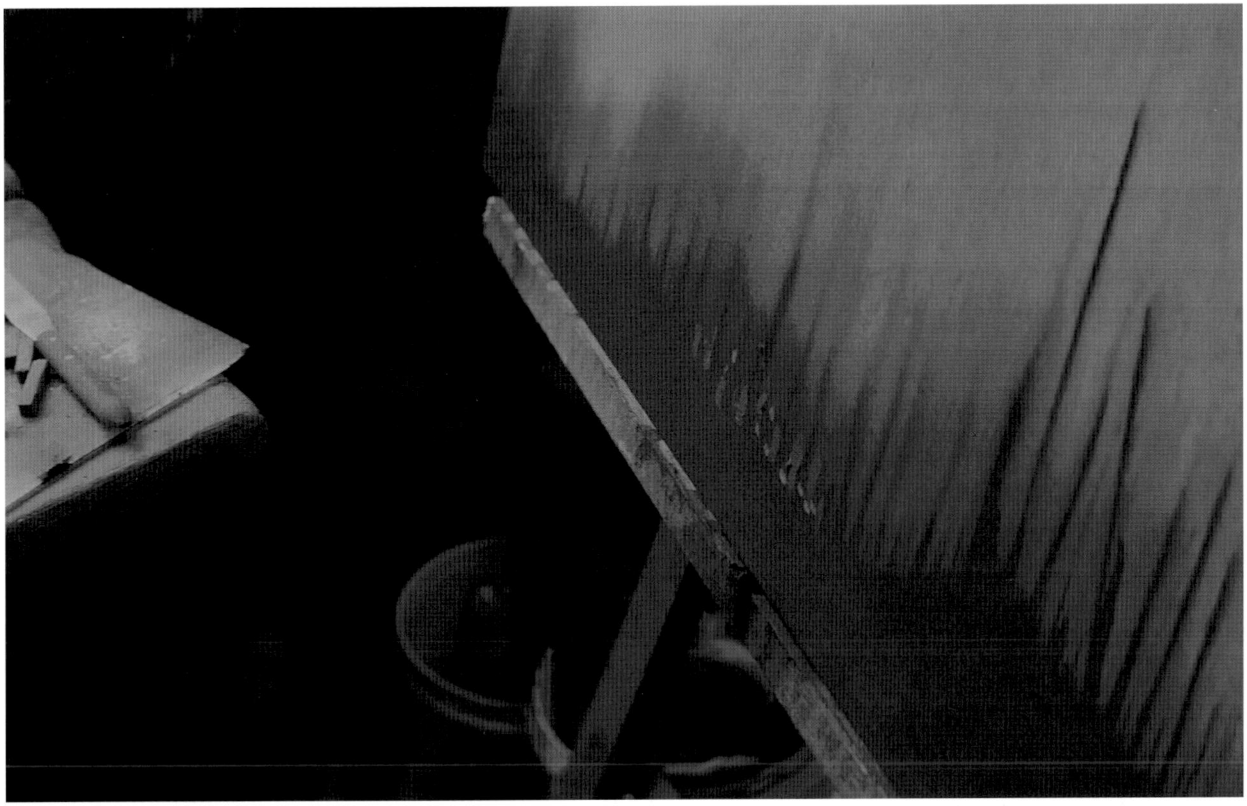

Tom
Ted est mort, ma jolie.

Charlie
Mort pis enterré. Mort de sa belle mort.

Raf
Qu'est-ce que vous voulez dire, « de sa belle mort » ?

Tom
Mort d'être vieux.

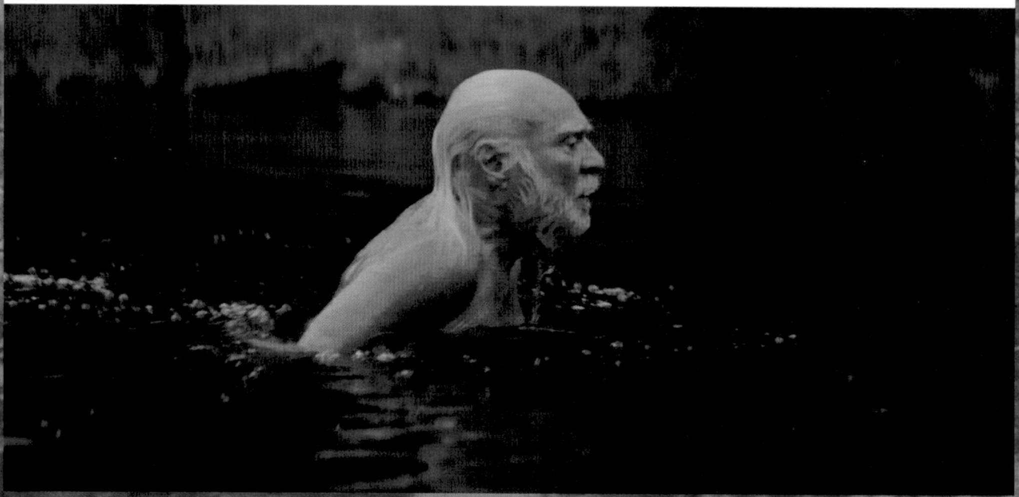

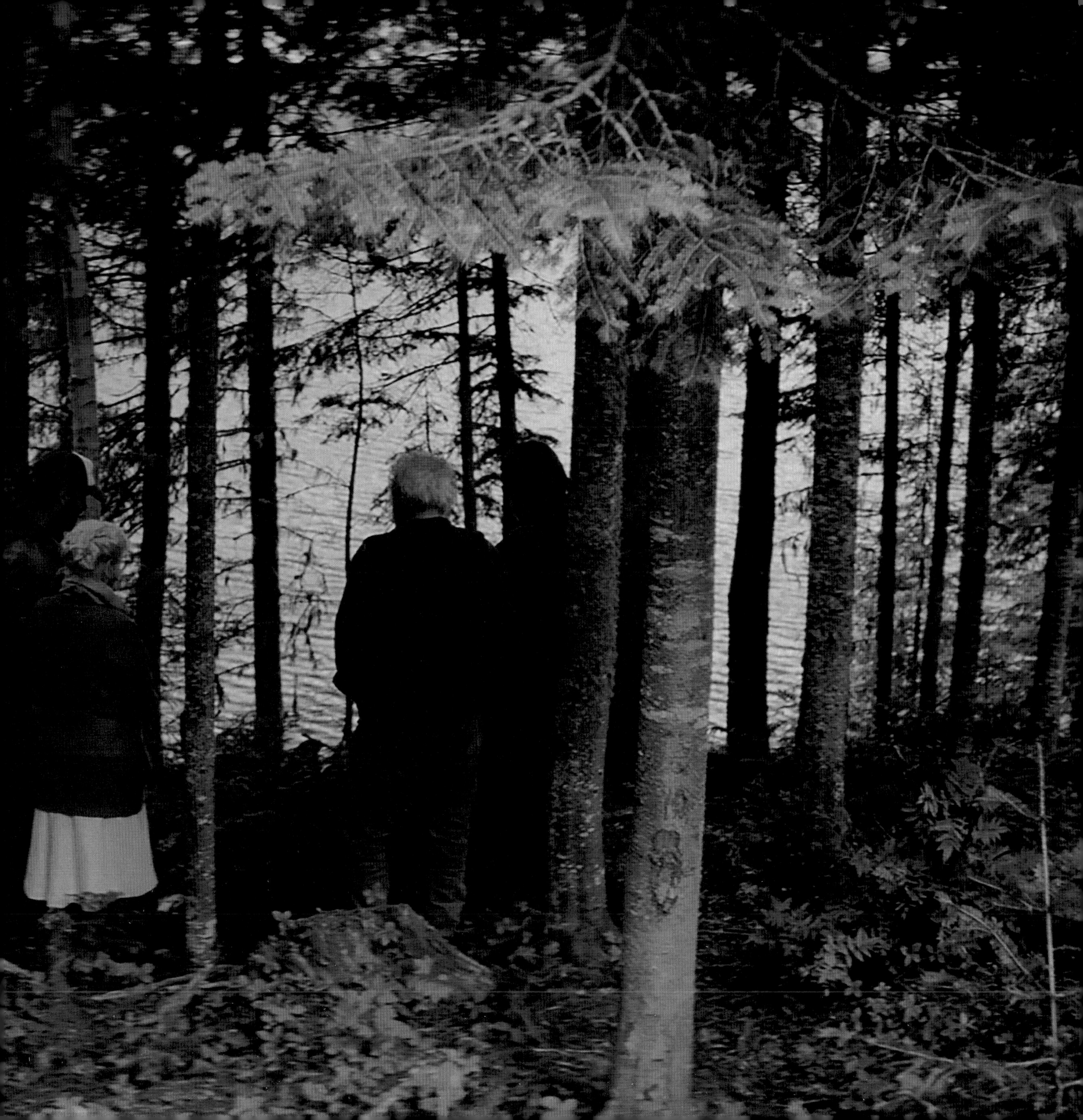

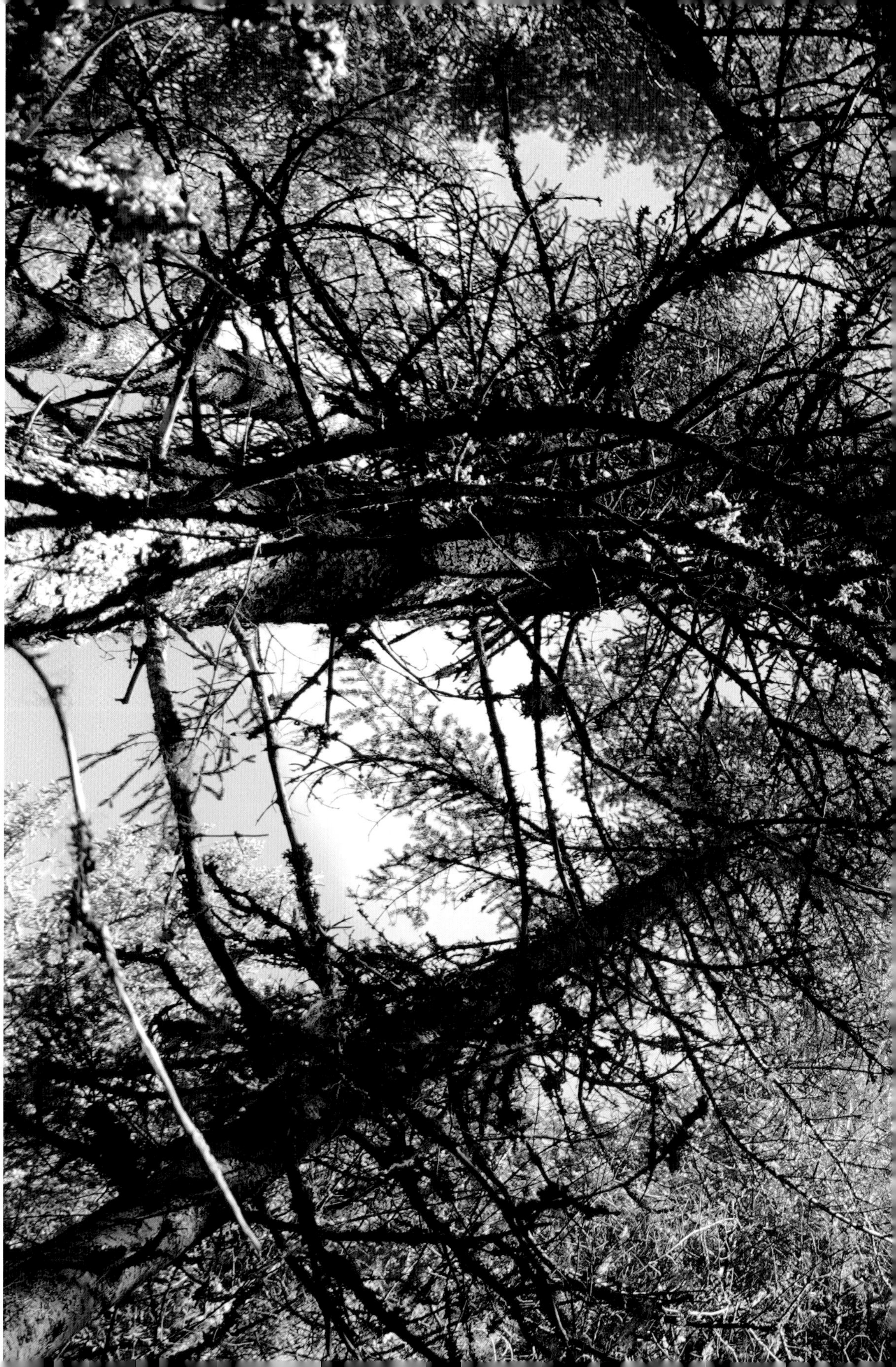

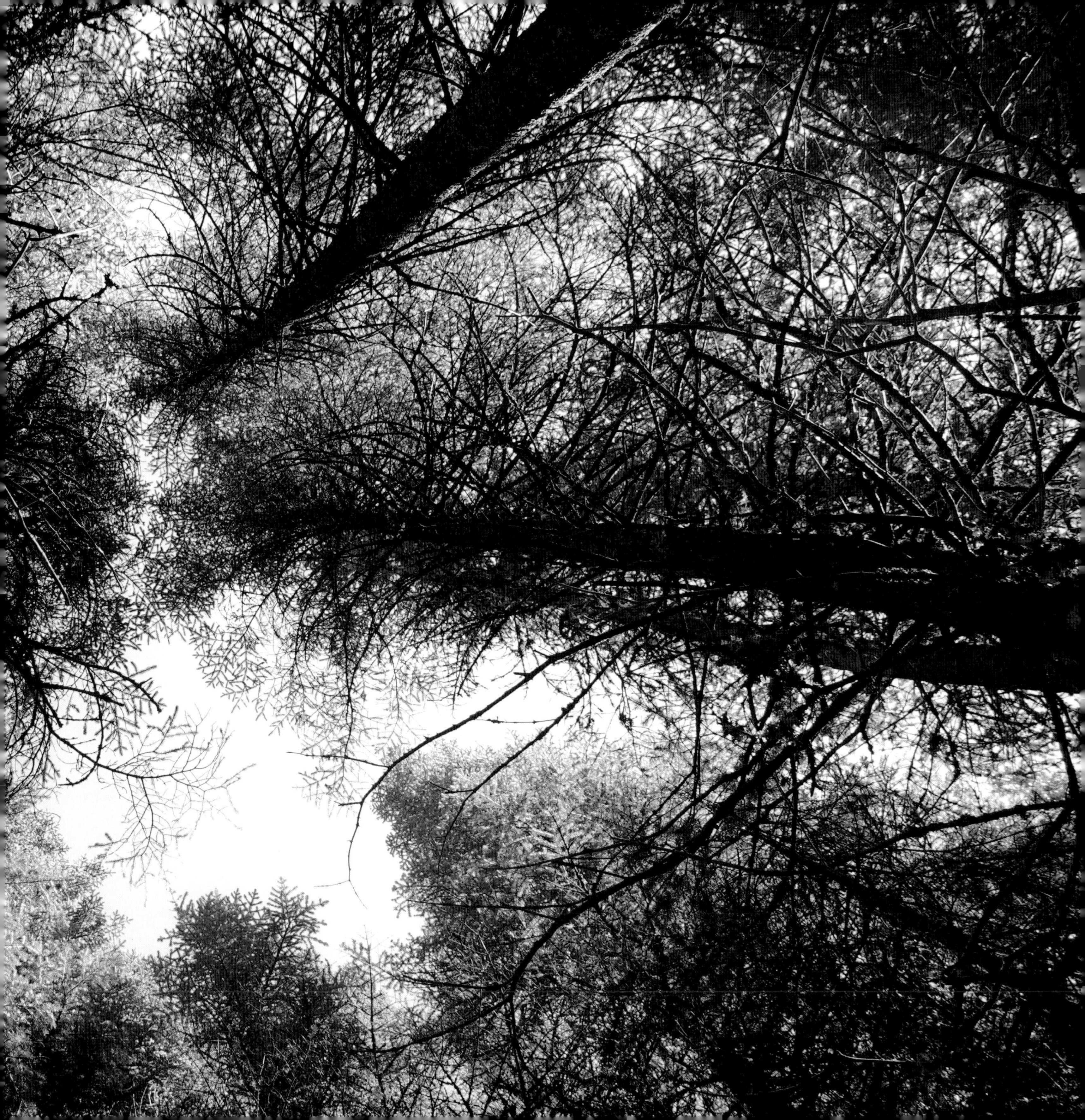

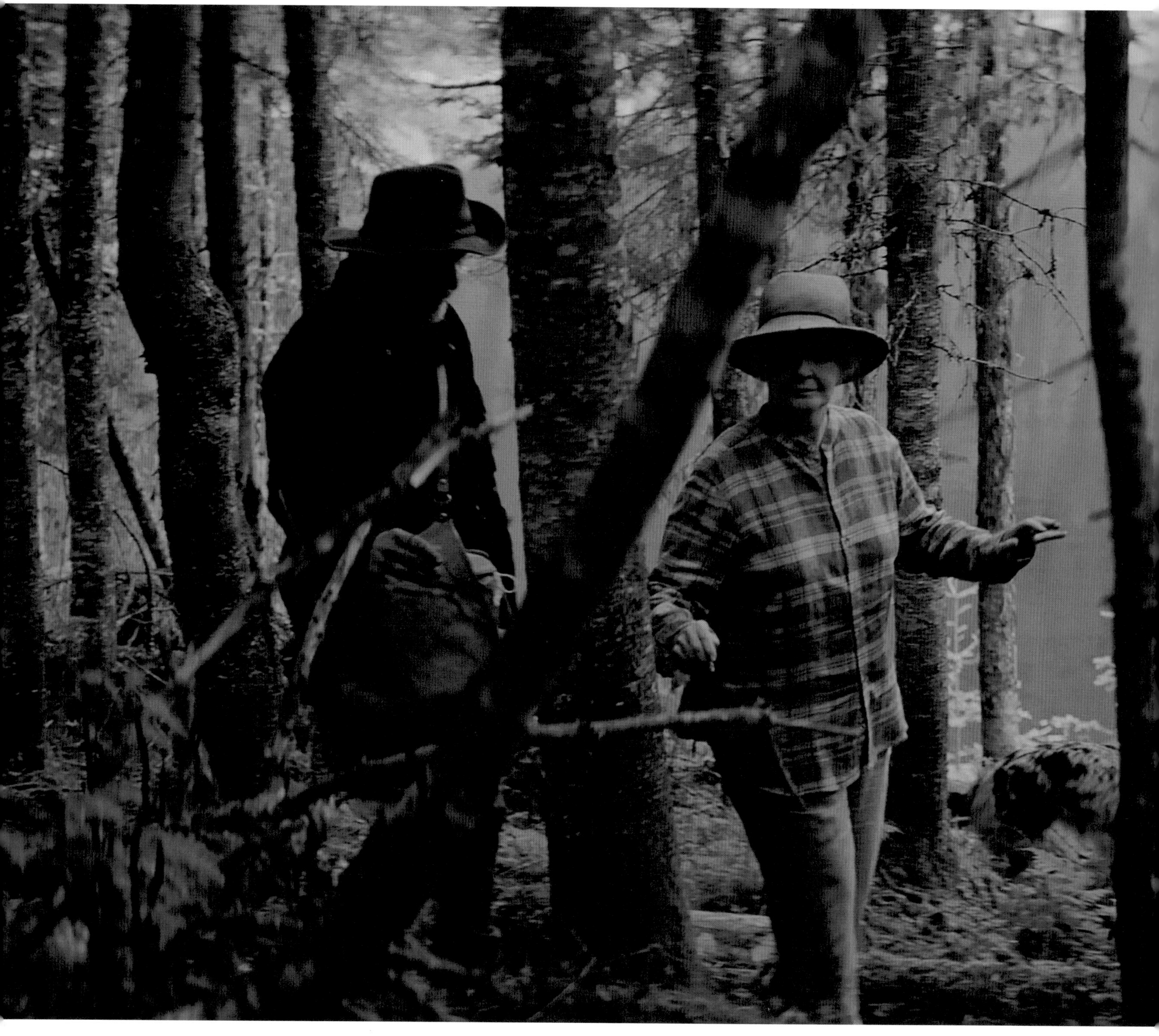

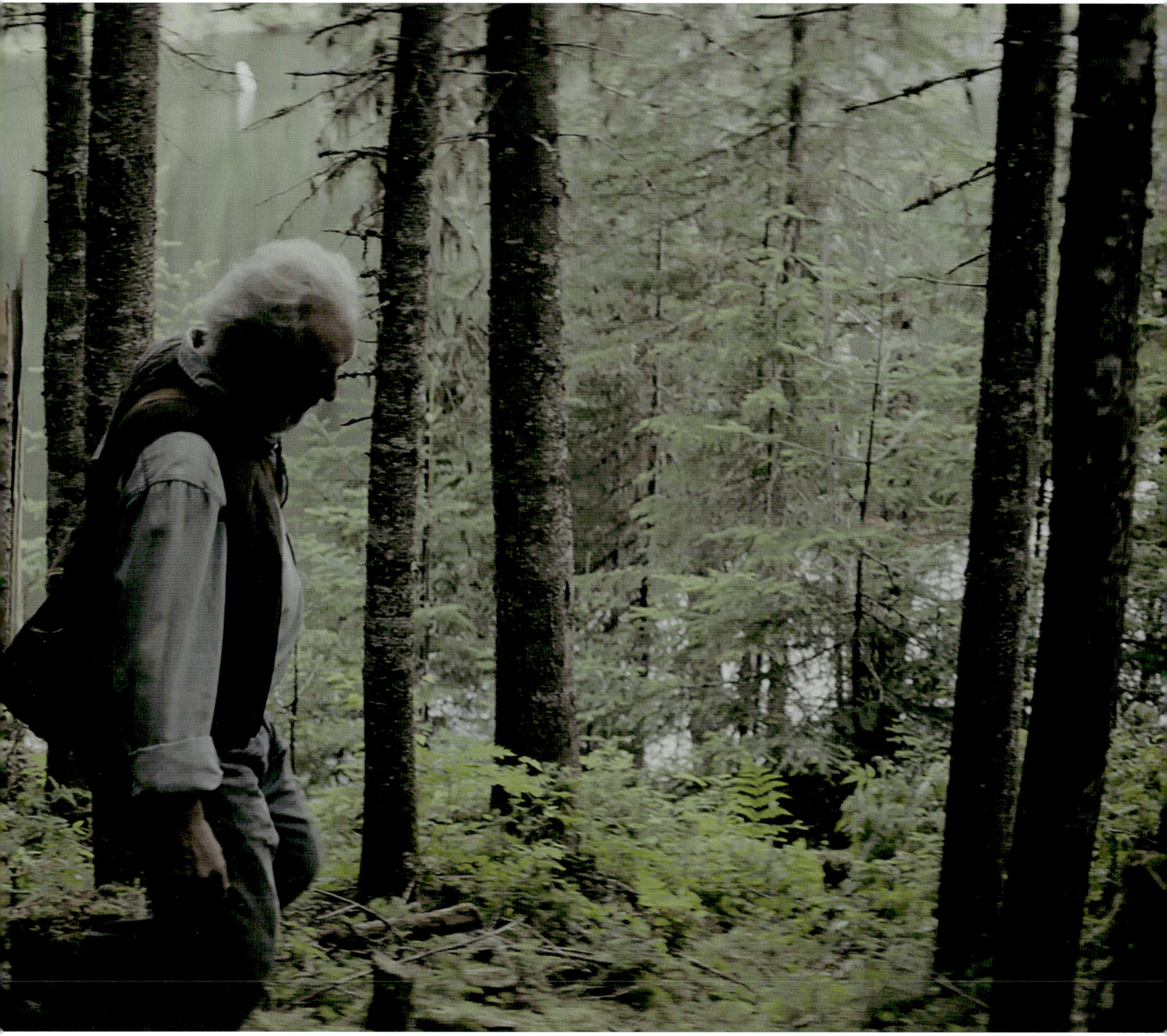

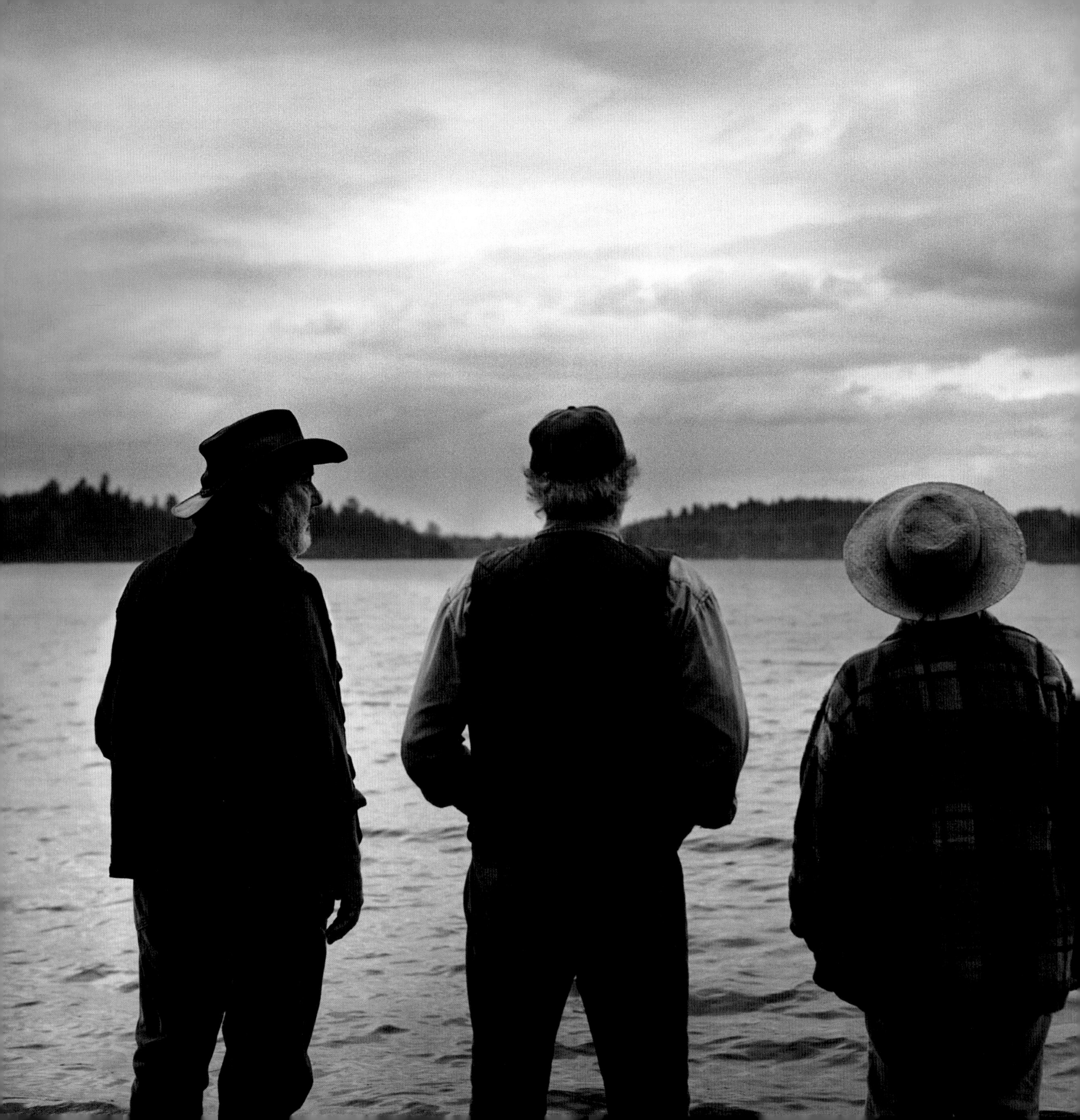

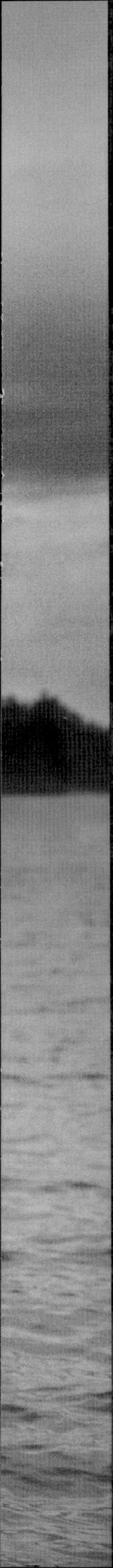

Devenir ancien

DANS LES MOTS D'EVE LANDRY ET DE GILBERT SICOTTE

Eve : Quand je regardais les ermites, pendant le tournage, j'avais d'abord une impression de paix. Je pense qu'il y a de quoi susciter un certain désir, une envie chez les gens qui vont les voir évoluer. Mais dès que tu vas te cacher en arrière d'un arbre pour mieux regarder, tu te dis : il y a peut-être une part d'illusion, parce que oui, ils sont bien, mais ils sont quand même habités par des préoccupations... Tu te rends compte que leurs démons les ont suivis dans la forêt...

Gilbert : J'ai réfléchi là-dessus, moi aussi... Mon personnage, Charlie, s'est sauvé de sa maladie, des soins intrusifs et éventuellement palliatifs. Il ne voulait pas vivre ça, il voulait mourir en forêt. Il y a une forme de courage, mais aussi d'égoïsme dans son geste. Il laisse derrière lui sa femme, sa famille, pour aller mourir dans le bois. Mais il ne meurt pas... Qui sait s'il serait décédé, s'il était resté en ville ? À mon âge, les gens qui m'ont accompagné tout au long de ma vie commencent à quitter ce monde pour l'autre. Certains sereinement, d'autres moins, mais tous à la façon dont ils ont vécu : on ne se transforme pas vraiment, on ne laisse rien derrière. J'ai vu des mourants très sereins, et j'admire ça, je me dis qu'il faut que j'apprivoise ça.

Eve : Est-ce que tu penses que nous accepterions mieux la mort en forêt, que le fait de vivre en forêt nous permet d'apprivoiser la mort différemment ?

Gilbert : Je pense surtout que ce n'est pas tout le monde qui peut vivre en forêt, avec ce que ça implique. Il faut être solide dans sa tête. Et puis il faut savoir se débrouiller, savoir comment survivre.

Mais peu importe où on est, perdre son autonomie, la possibilité de faire ces petites choses qui composent la vie, ne plus rien faire, je pense que Félix Leclerc avait raison de dire que ça a de quoi te tuer. Nos ermites, on voit bien qu'ils n'ont pas le choix de continuer à bouger pour survivre. Ils doivent rester dans l'action.

Eve : On sent quand même qu'ils trouvent une paix dans la forêt, qu'ils se donnent le temps d'être un vrai humain, de réfléchir. Ils ont un lien entre eux, mais il y a aussi ce respect mutuel de l'intimité de chacun. Ils ont leur coin et leur cabane, et ils n'ont pas oublié qu'ils étaient là, à la base, pour être seuls. Ils se respectent… Tu vois, avec mon grand-père, nous avons établi une petite routine. Il préfère que je l'appelle en après-midi parce que l'avant-midi, pour lui, ça passe vite… On a cet espace-là où on se rejoint. J'espère que moi, j'aurai cette force-là, celle d'aller vers l'autre, d'aller voir ce qui se passe. Mais je sais qu'il y a aussi une certaine solitude que je dois apprivoiser.

Gilbert : En fait, souvent, on n'a pas besoin de s'occuper constamment en vieillissant. Je crois qu'il vient un moment où nous avons besoin de très, très peu pour retrouver l'énergie positive que nous offre la vie. Un coup de fil d'un ami, d'un membre de la famille, pour savoir comment ça va aujourd'hui… et tu viens d'occuper les trois quarts de la journée en ce qui a trait à l'énergie. Par contre, le sentiment d'abandon complet qui monte quand tu te demandes si quelqu'un, quelque part, pense à toi… C'est ça, je crois, qui est le pire.

Eve : Oui… et ce ne sont pas tous les aînés qui ont envie de tout raconter de leur jeunesse, non plus. J'ai l'impression – tu me diras si je me trompe – que pour une personne plus âgée, voir un ou une plus jeune, ça ramène en arrière, peut-être que ça amène une certaine nostalgie, mais qu'en fait, ça dépend de ta personnalité au départ. Si tu es optimiste, tu vois toutes les étapes encore à franchir et tu te dis que ça va être le *fun*. Mais si tu es pessimiste, tu peux te dire Ah! mon Dieu! Cet enfant-là va devoir surmonter tous les obstacles de la vie…

Gilbert : Tu sais, je considère que je ne suis peut-être pas un très bon grand-père, parce que j'ai été un père très présent, longtemps. Mais j'aime qu'ils soient tous là dans ma vie. Je les regarde, et je ne suis pas nostalgique. Ils sont chanceux, ces petits jeunes-là, mais ça ne m'intéresserait pas de repartir ma vie, jeune. Entre autres parce que je sens que la prochaine génération aura besoin de se battre plus fort. Il y a beaucoup d'enjeux…

Eve : Ouais, ouais… Ils sont déjà là, les enjeux, et il y en a d'autres qui se profilent. Je pense à mes enfants, qui vont grandir dans ce nouveau monde aux changements de paradigmes complets, et j'espère pouvoir servir de courroie de transmission pour eux, préparer le monde de demain avec plus de positivisme… Je pense que la nature a cette espèce de pouvoir-là, sacré, qui inspire le respect envers elle et entre les générations : c'est plus grand que toi et moi. Quand on était dans la forêt montmorencienne, tellement profonde, tellement sauvage, j'allais m'isoler en silence le plus souvent possible. J'ai besoin de ce silence-là, tu sais ?

Gilbert : La nature aide à la confidence, au recueillement, à la rencontre. Je suis persuadé que les nouvelles générations devront rétablir ce lien humain profond, et je sens que c'est ce qui est en train de se tramer. C'est un peu un retour aux sources. Vivre le moment présent, délaisser un peu les technologies pour revenir à l'échange humain. Je repense à mes grands-parents, des gens de peu de mots : quand ils parlaient, c'était toujours pertinent, juste. Je crois que nous pourrons discuter à nouveau de la beauté des couchers de soleil, des choses que la nature nous offre qui sont tellement plus grandes que nous. Et oui, c'est dans ce lien avec la nature grandiose que l'humain retrouvera son équilibre. C'est ce que je crois et c'est ce que je souhaite.

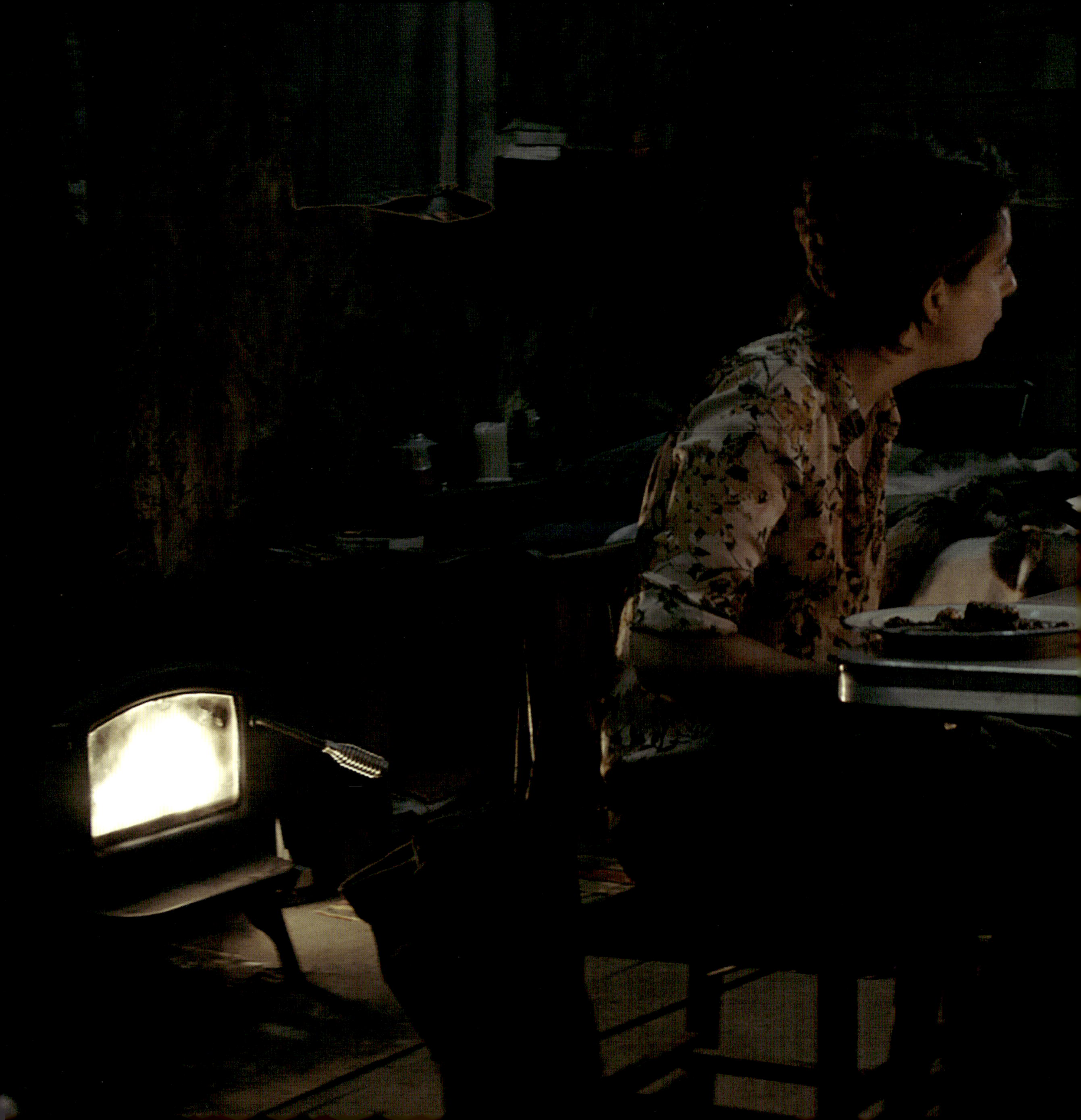

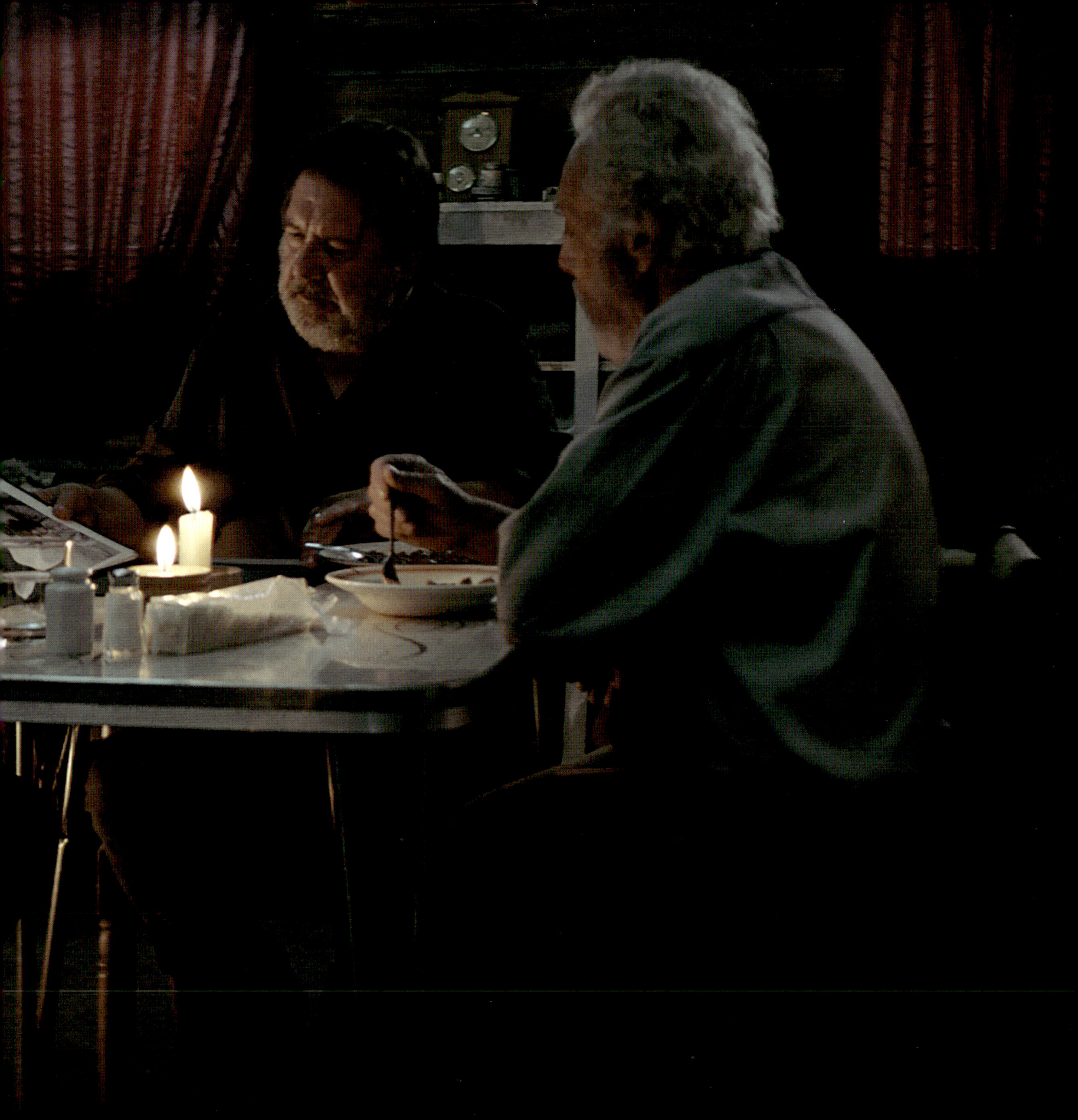

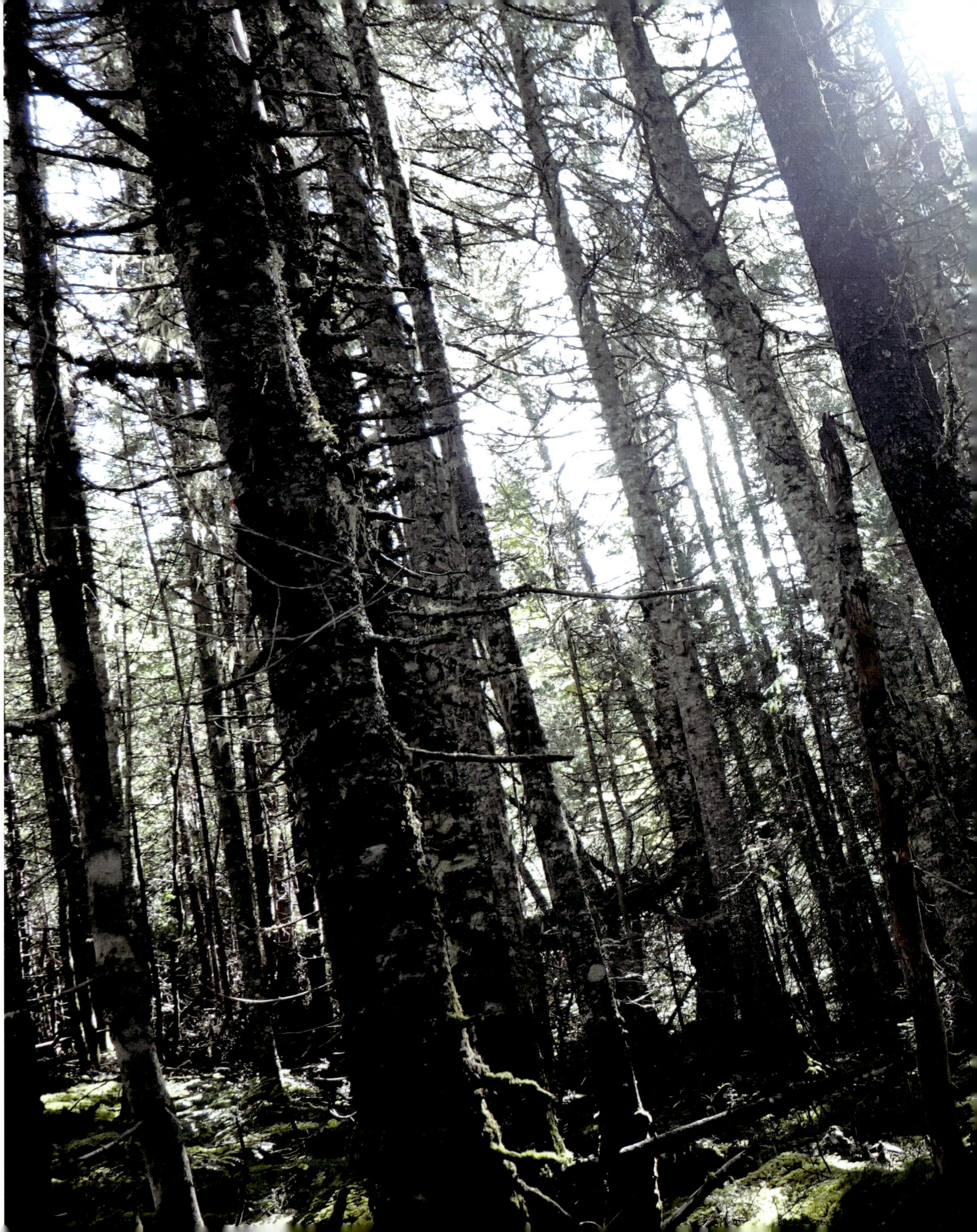

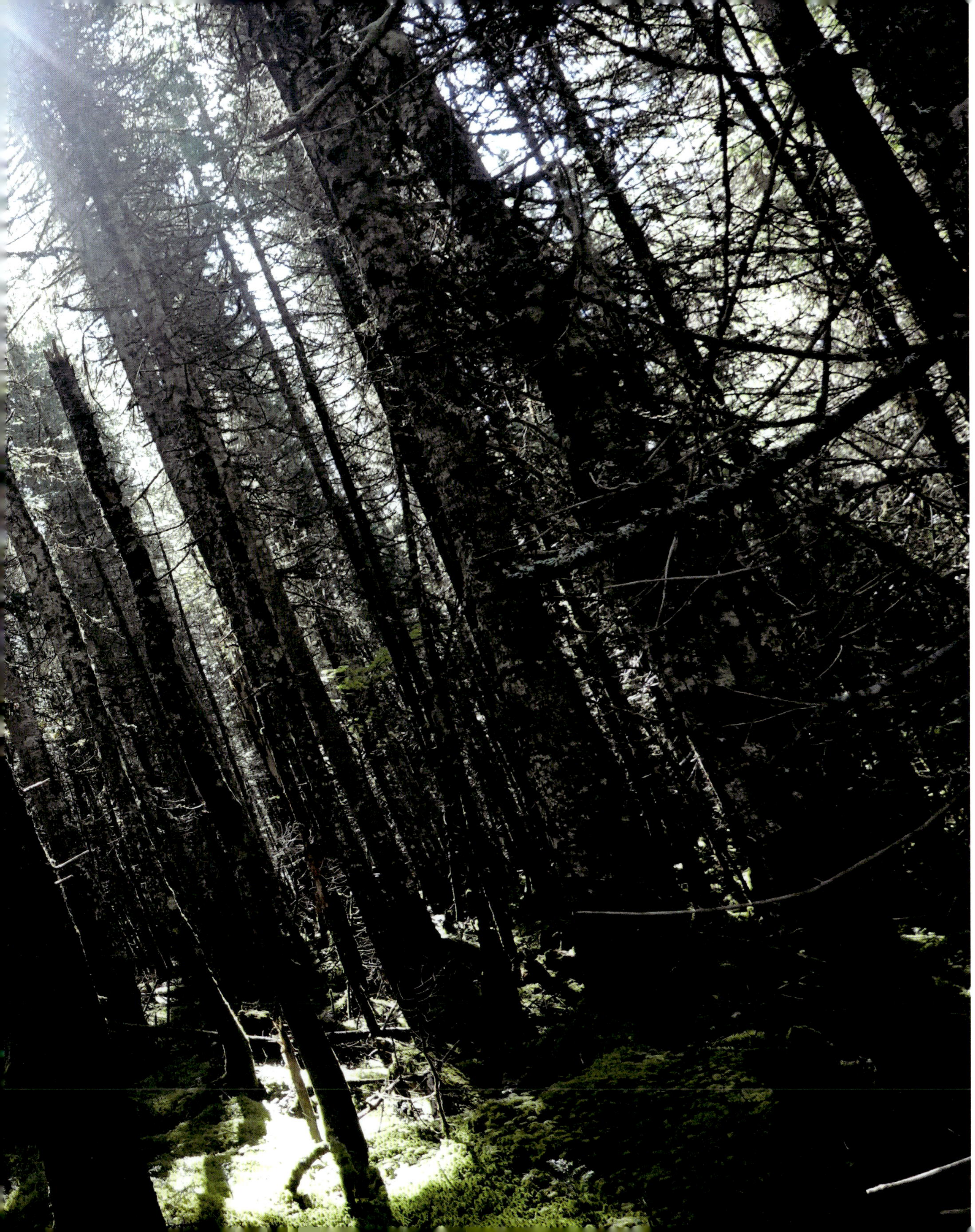

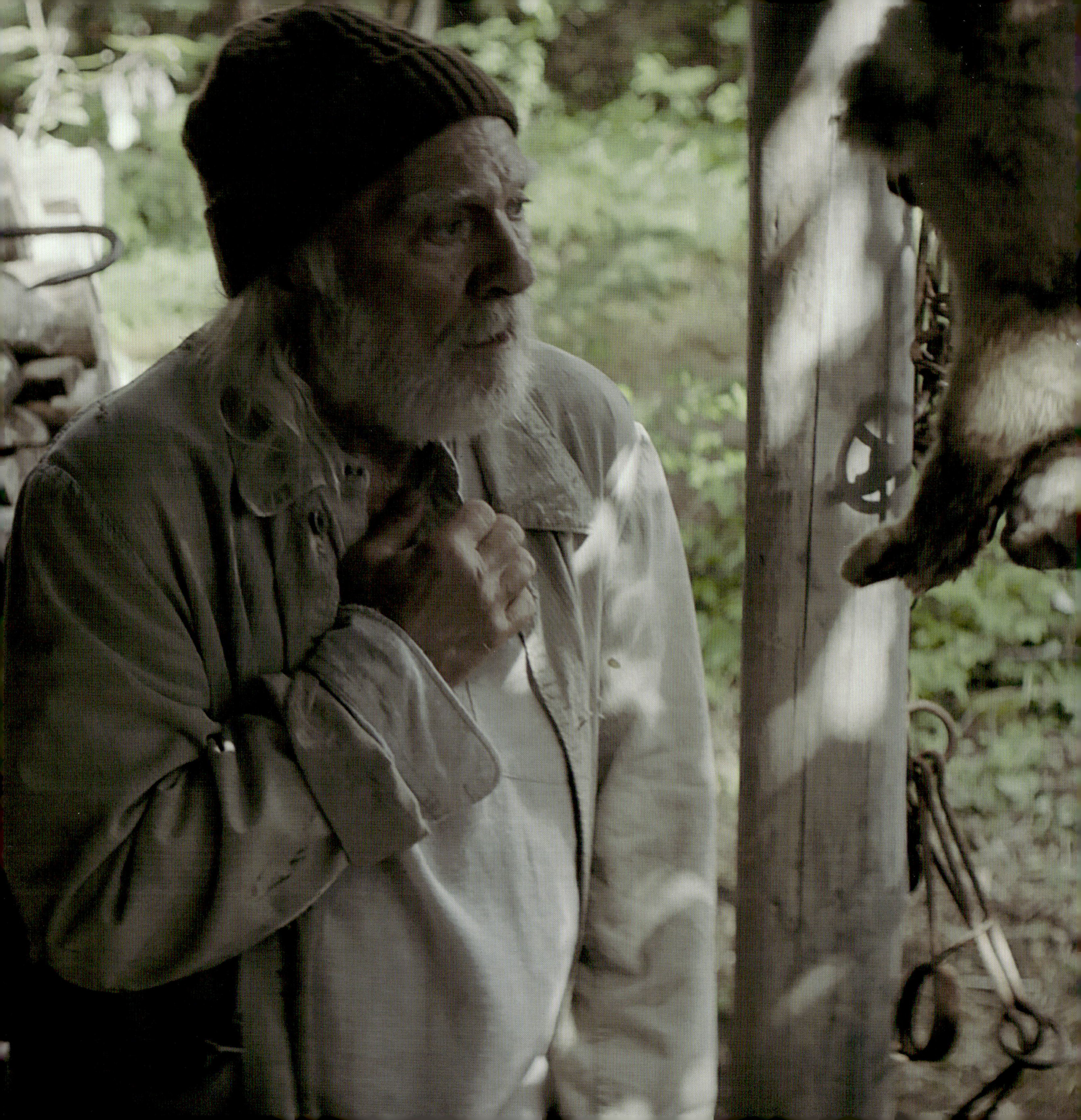

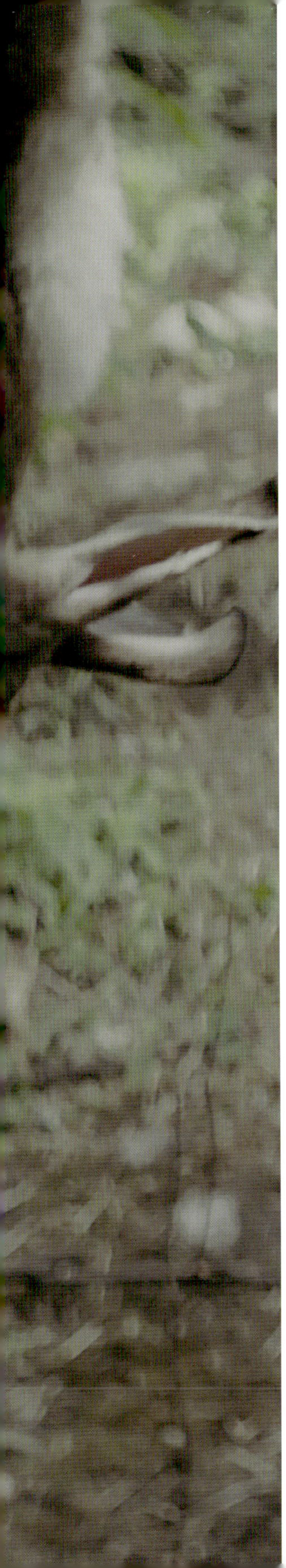

« TED BOYCHUCK ÉTAIT SOLITAIRE,
C'EST CONNU, MAIS À C'QUE JE SACHE,
IL SE CACHAIT DE PERSONNE,
À PART DE L'AMOUR PEUT-ÊTRE. »

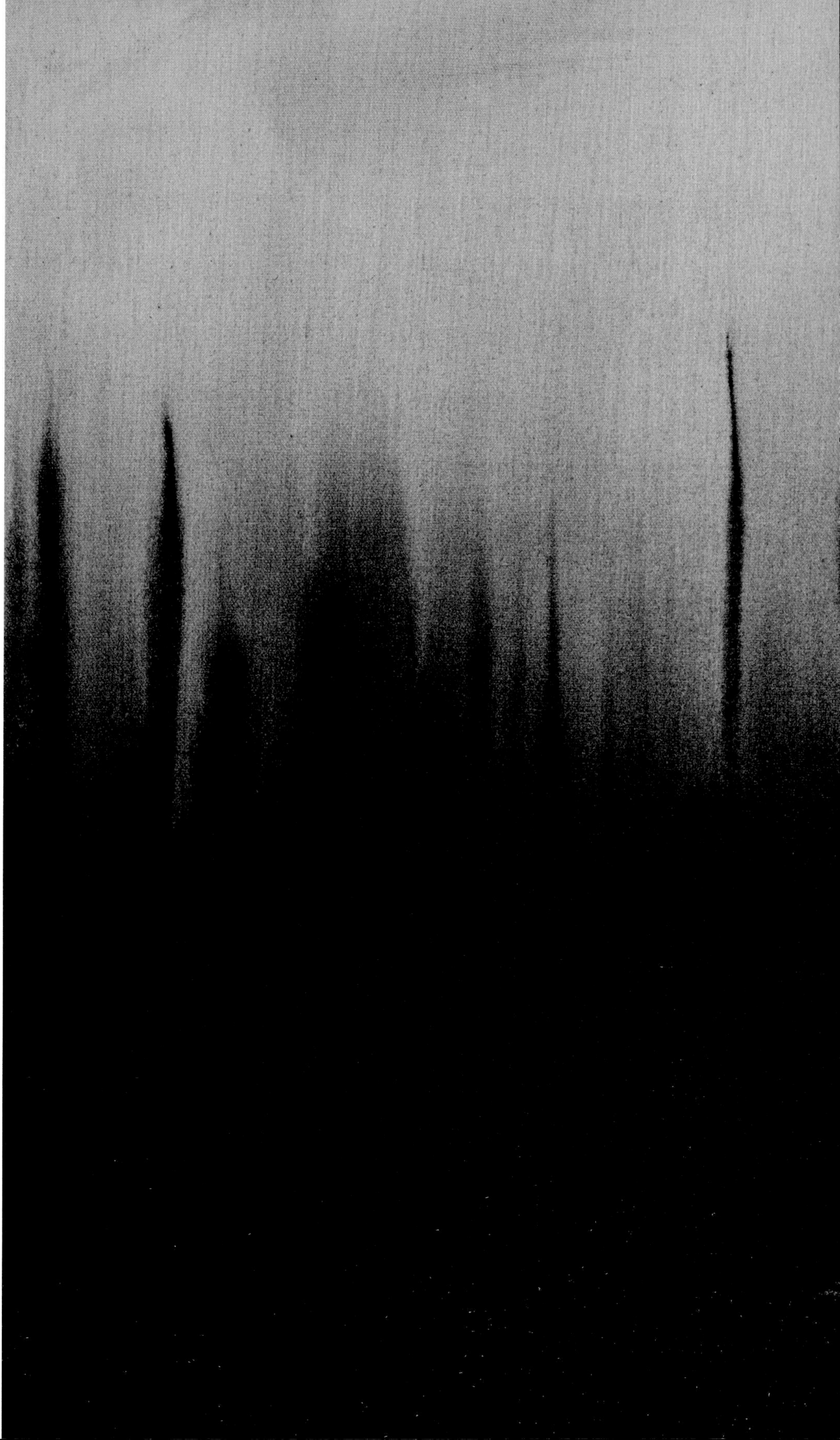

« VOUS N'AVEZ JAMAIS RÉUSSI
À OUBLIER LES GRANDS FEUX ? »

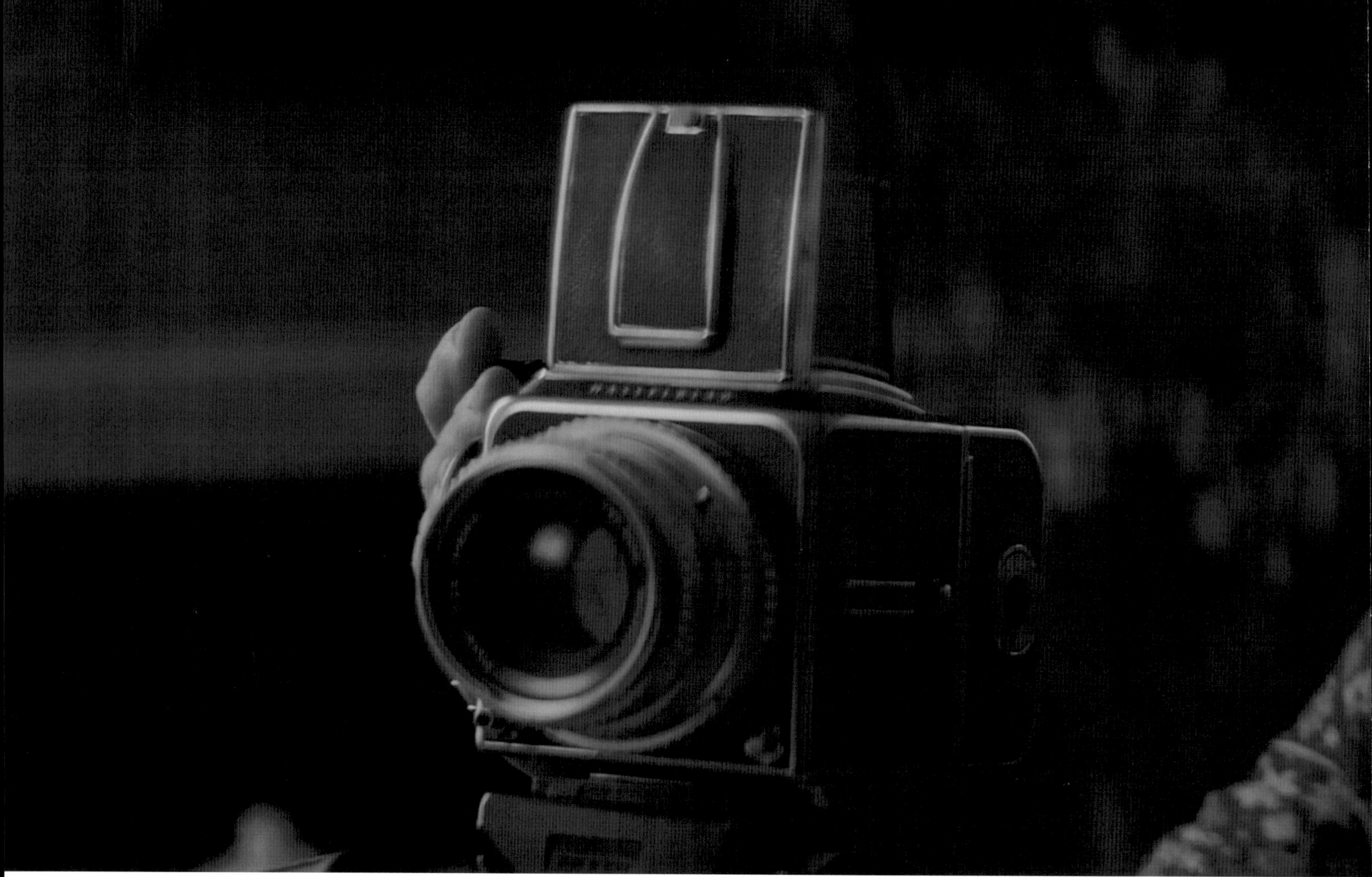

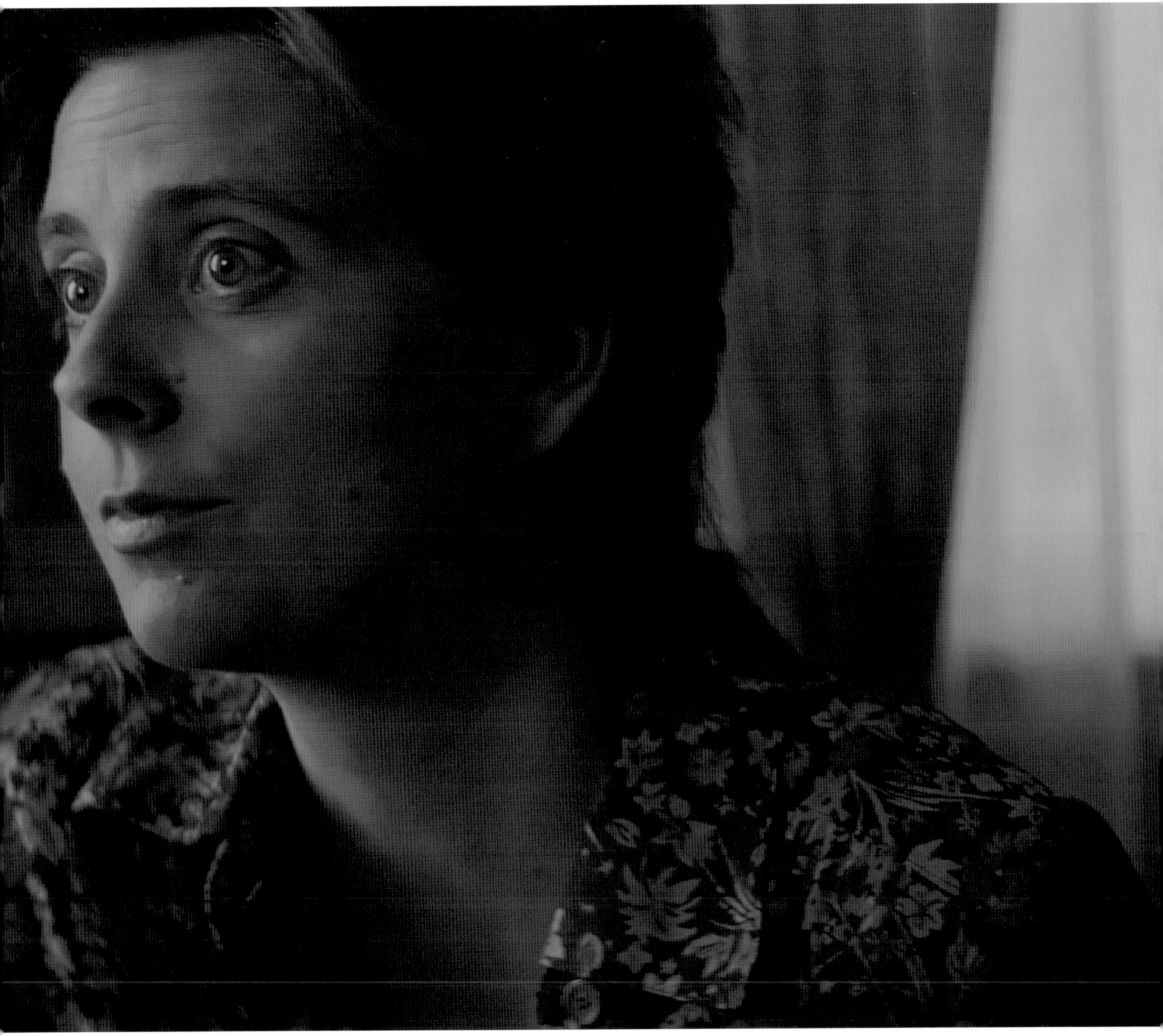

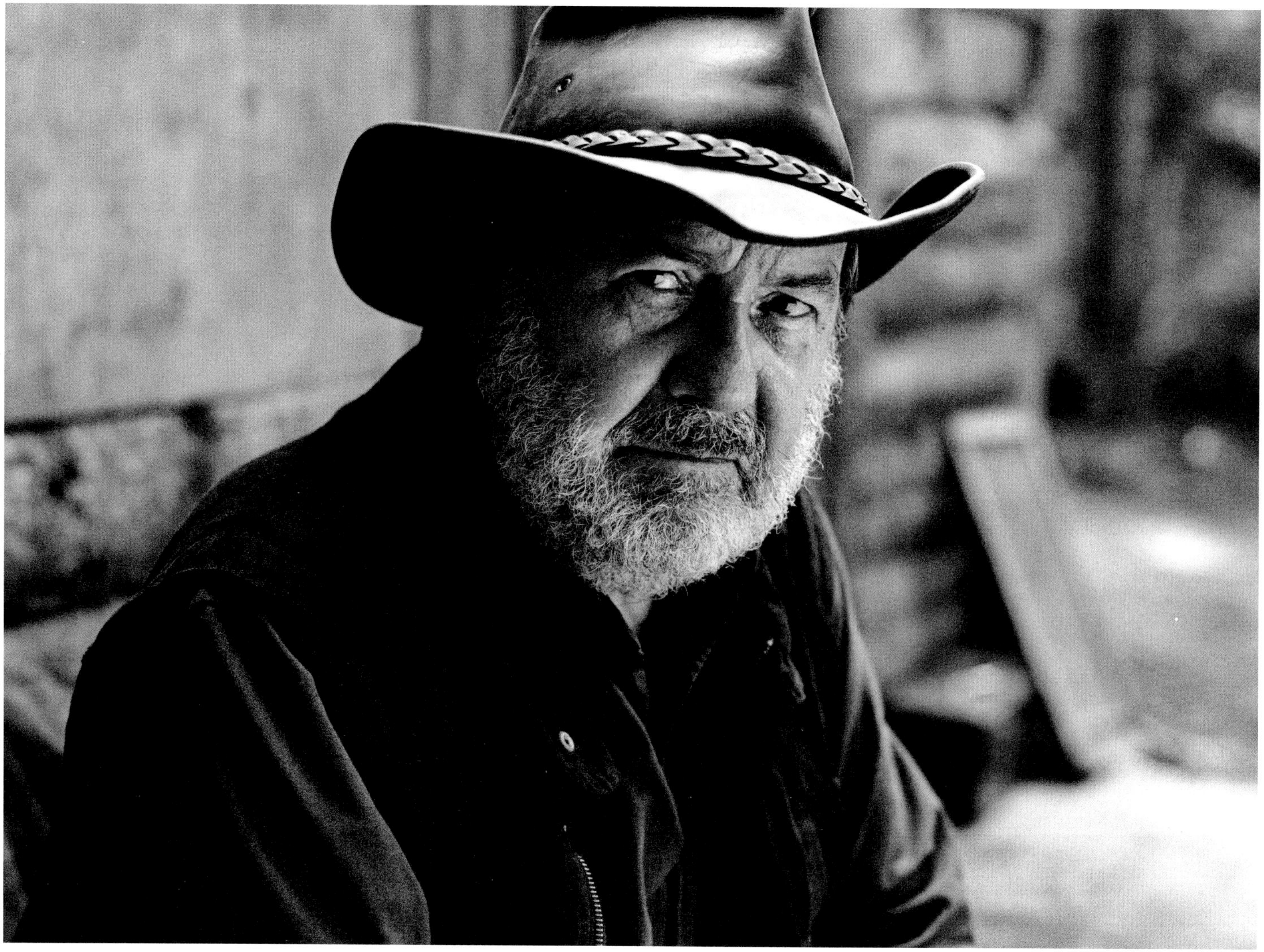

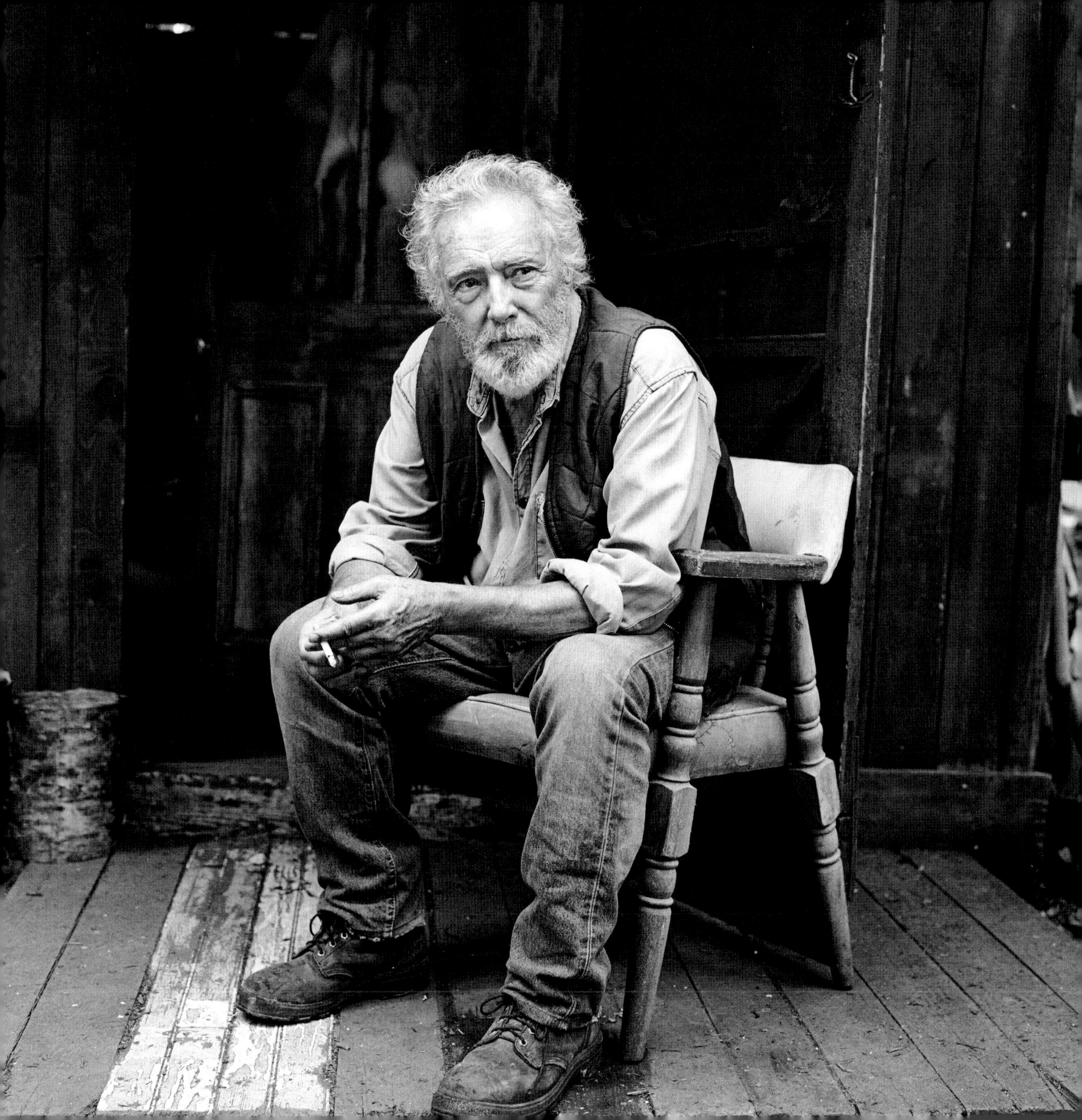

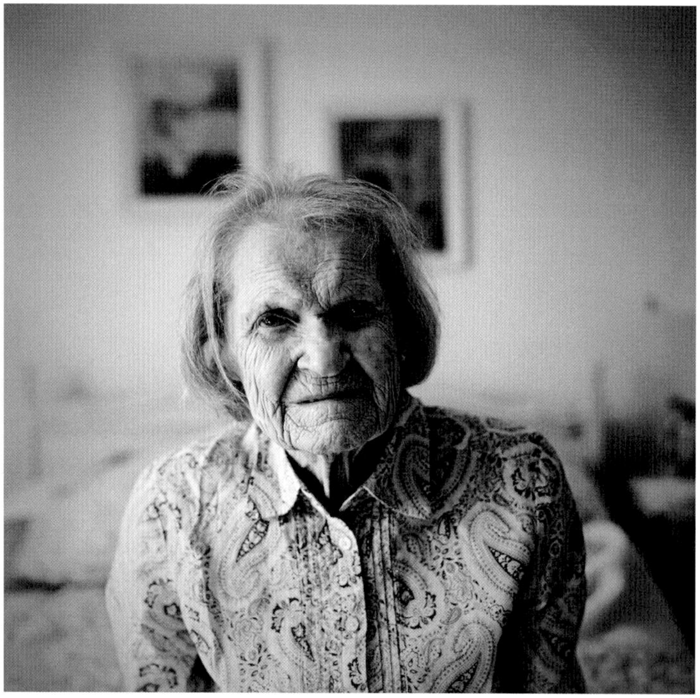

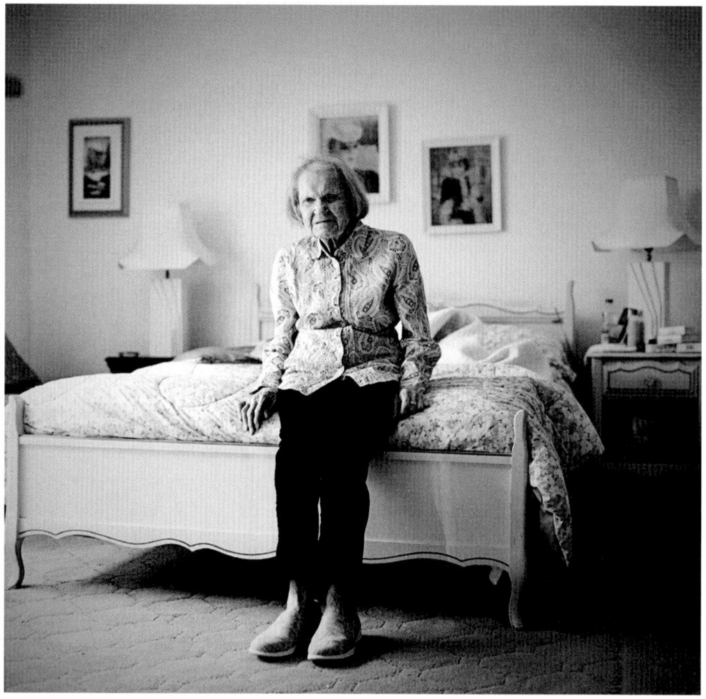

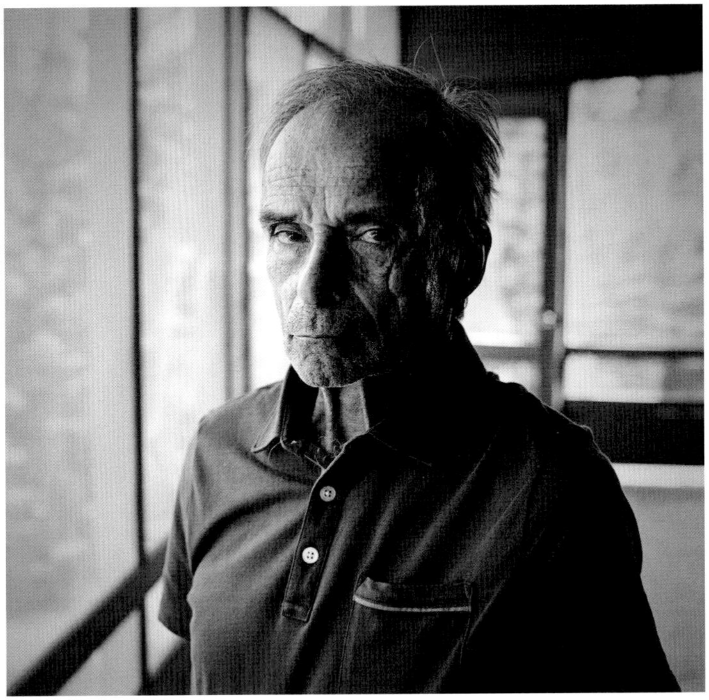

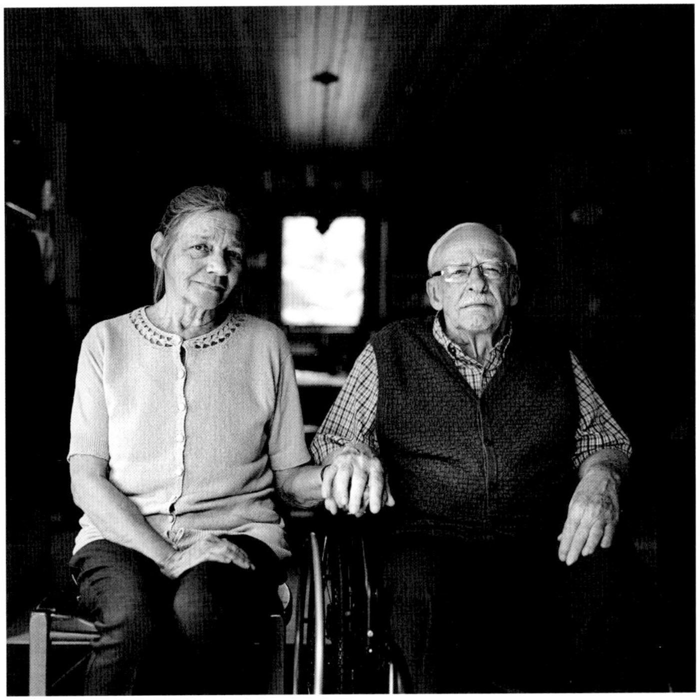

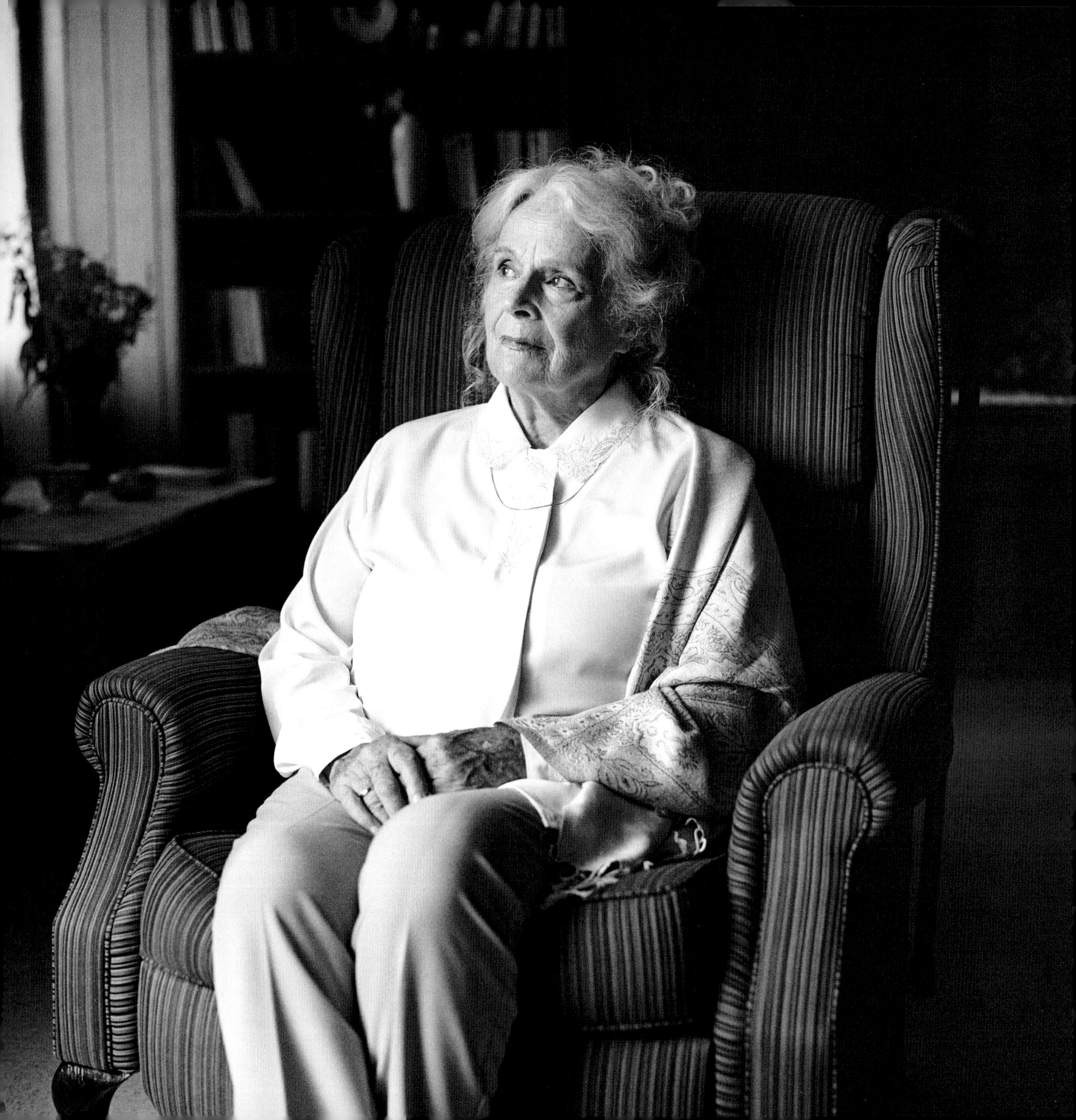

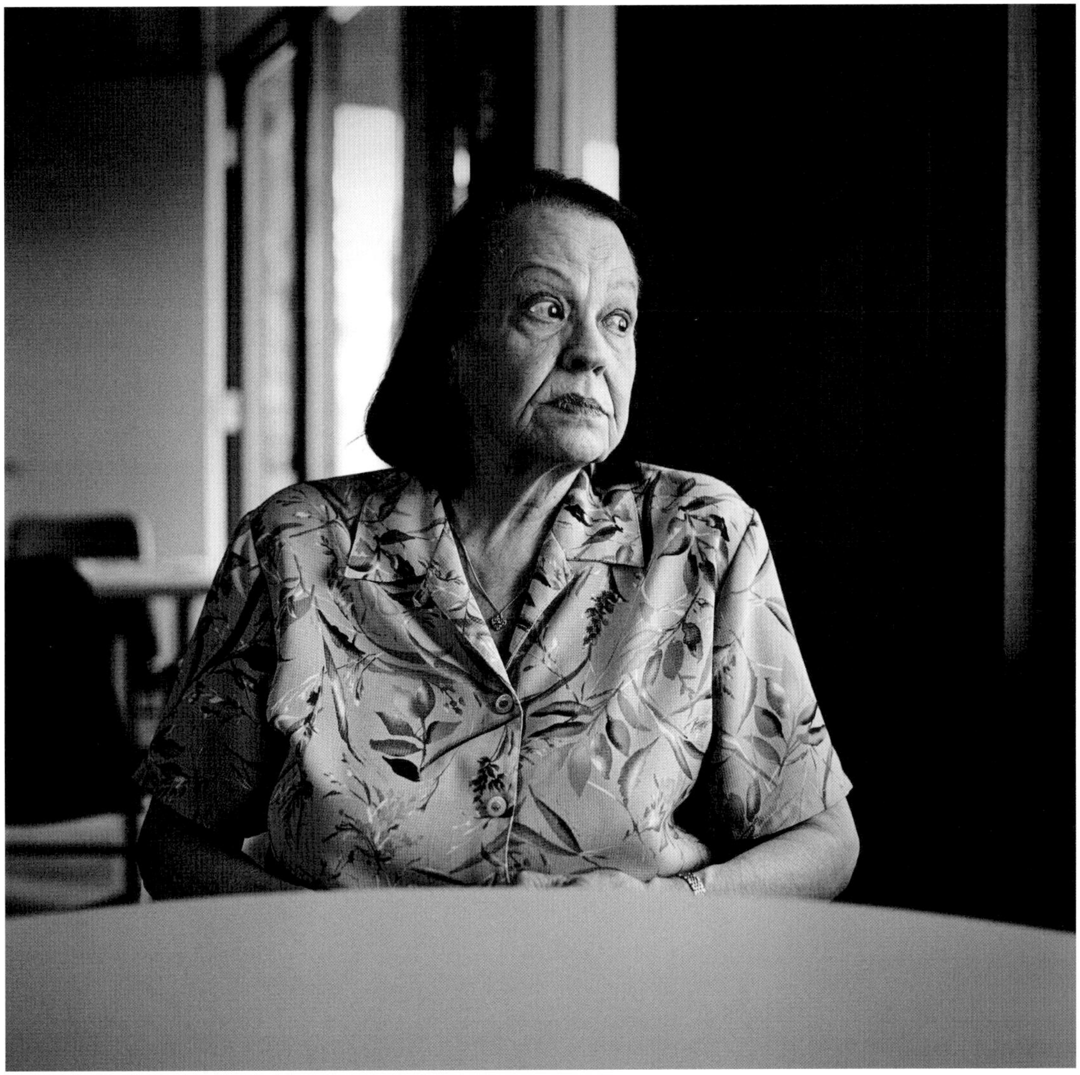

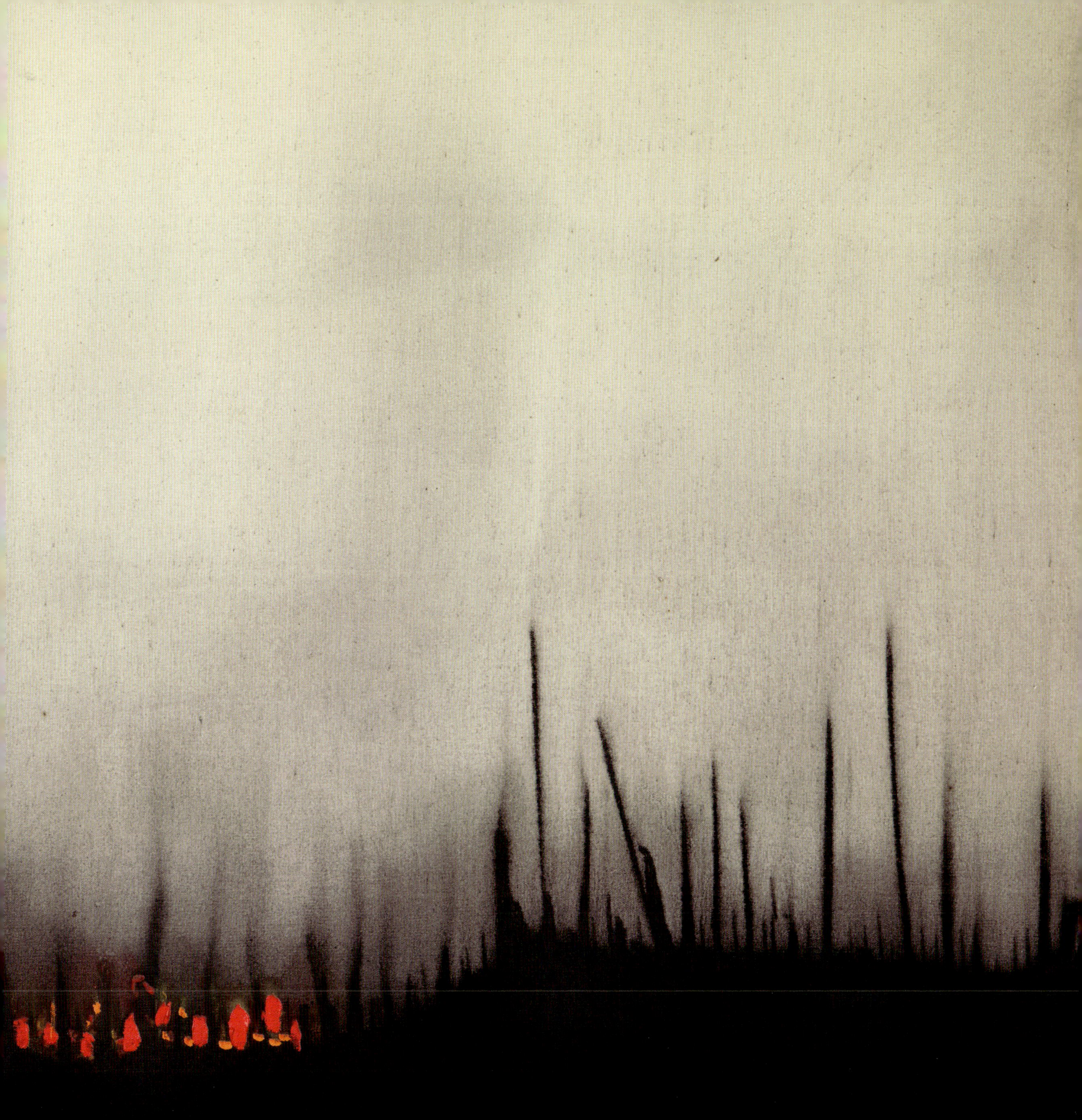

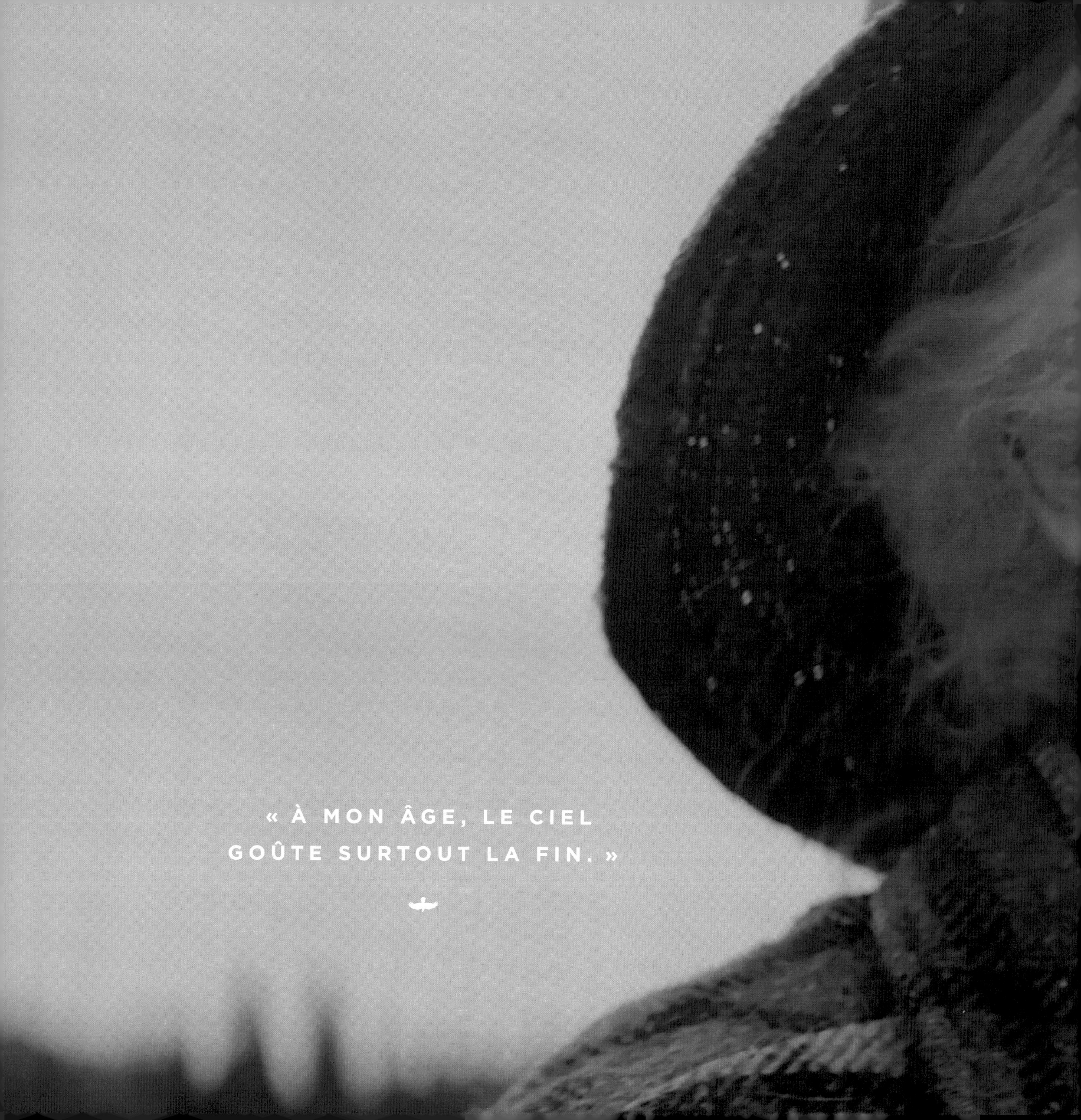

« À MON ÂGE, LE CIEL
GOÛTE SURTOUT LA FIN. »

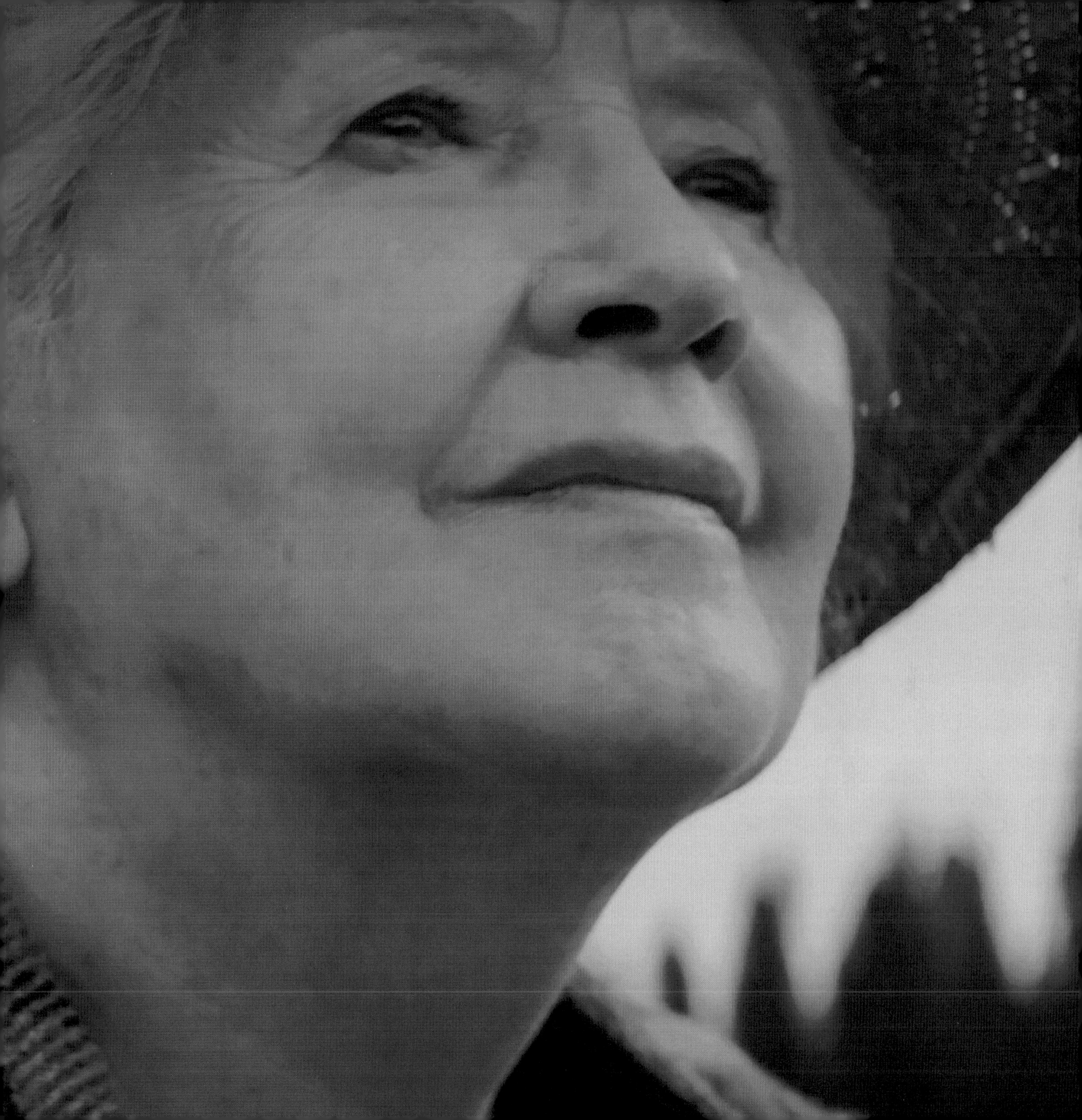

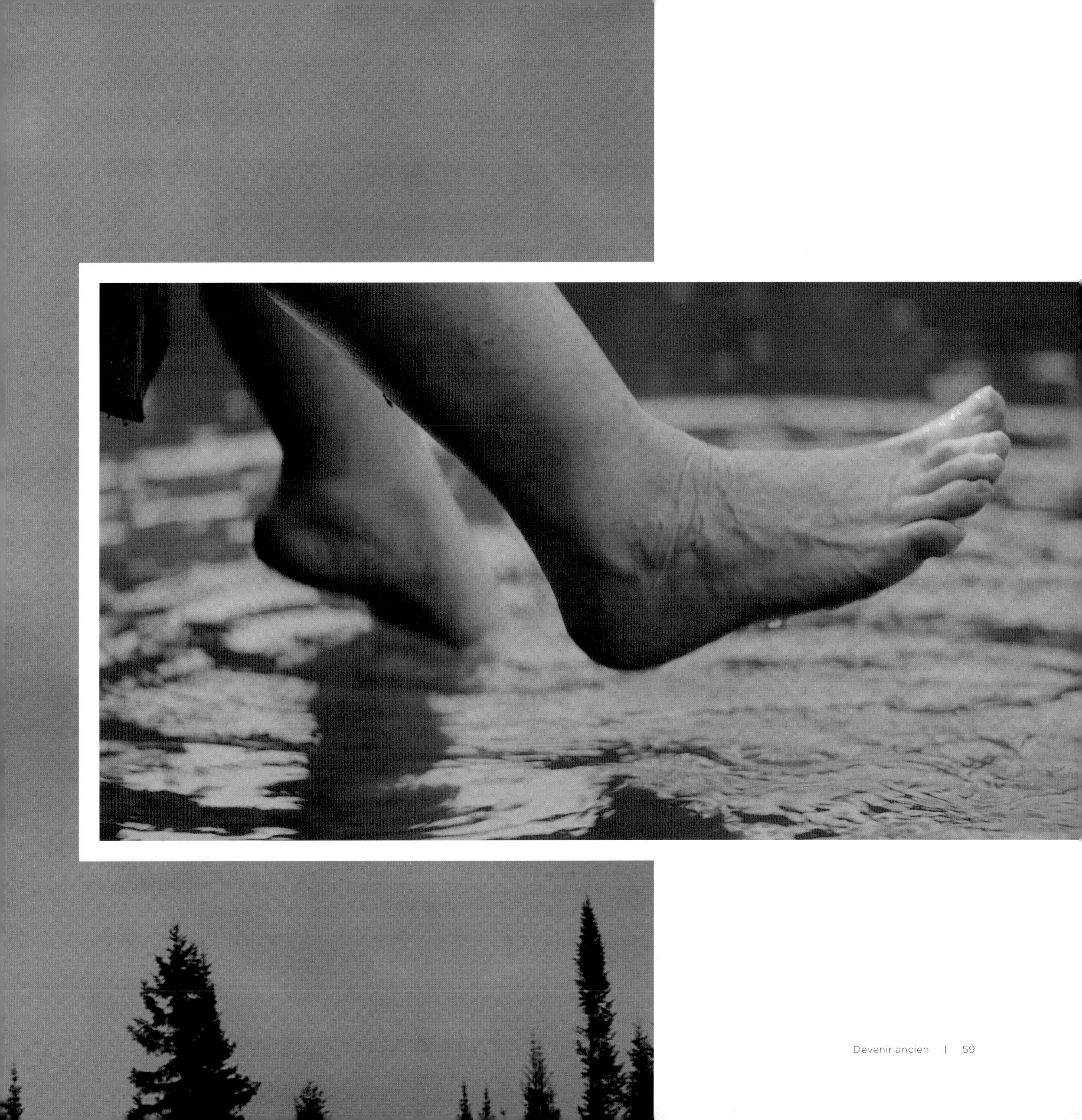

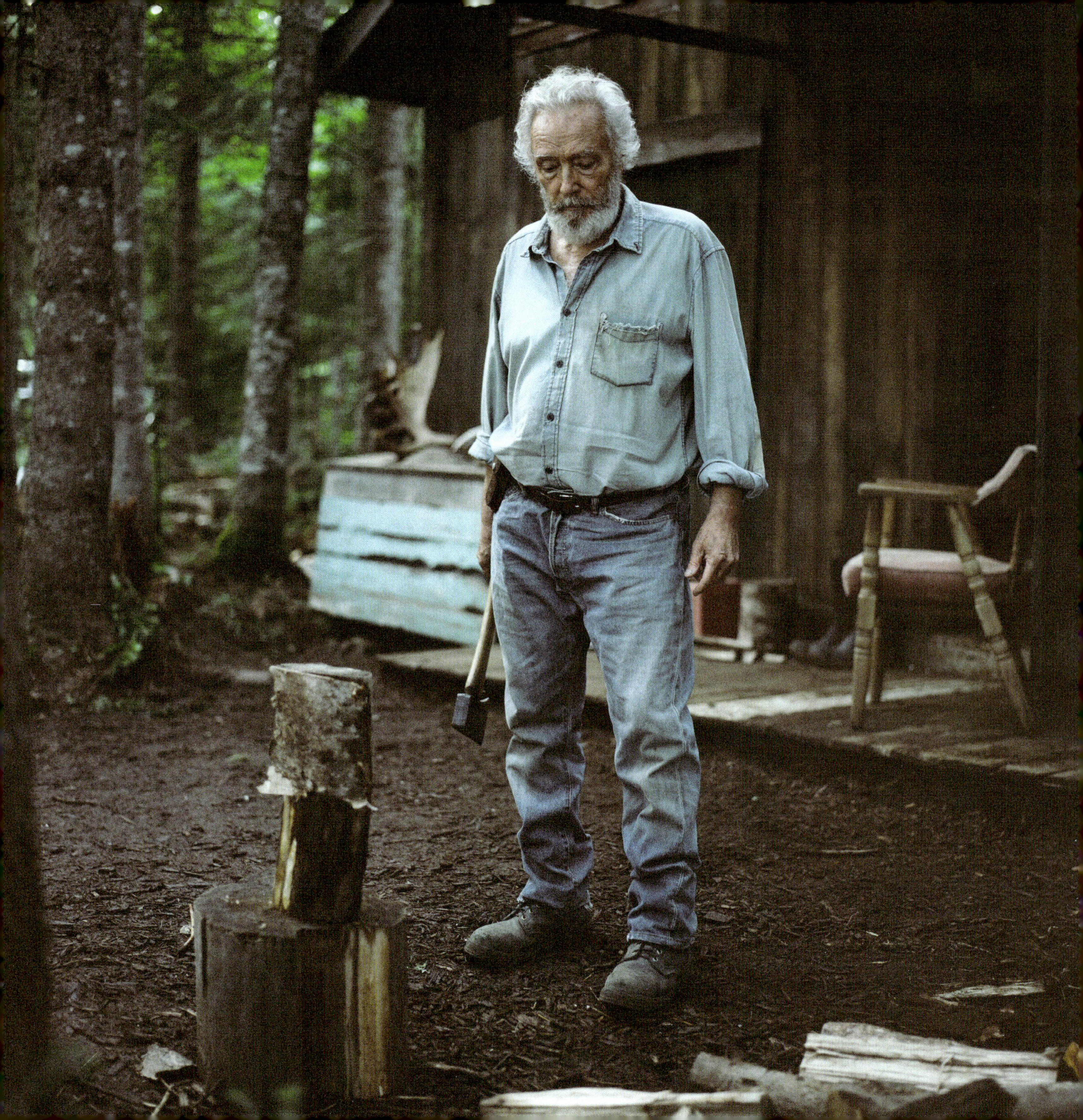

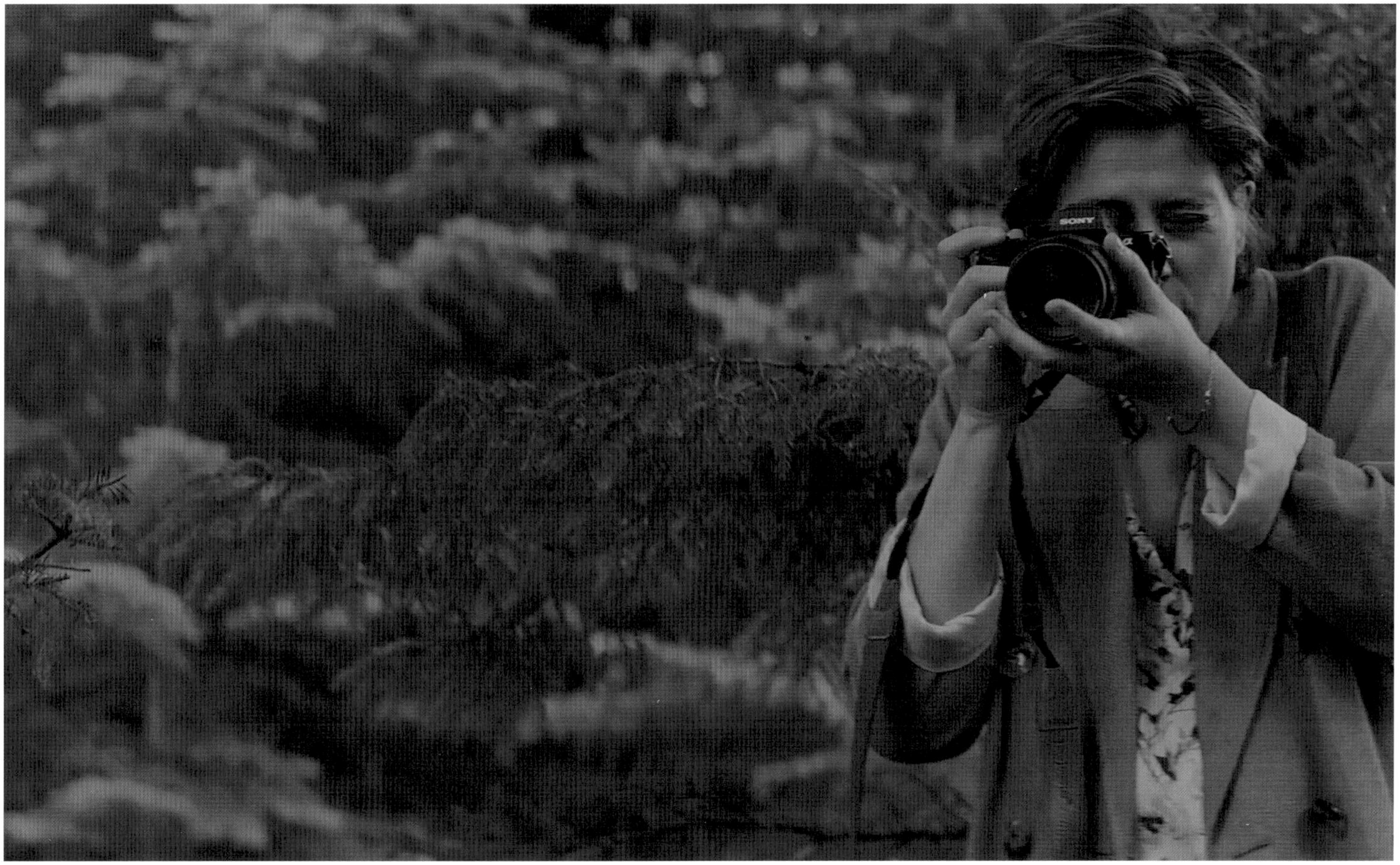
SONY

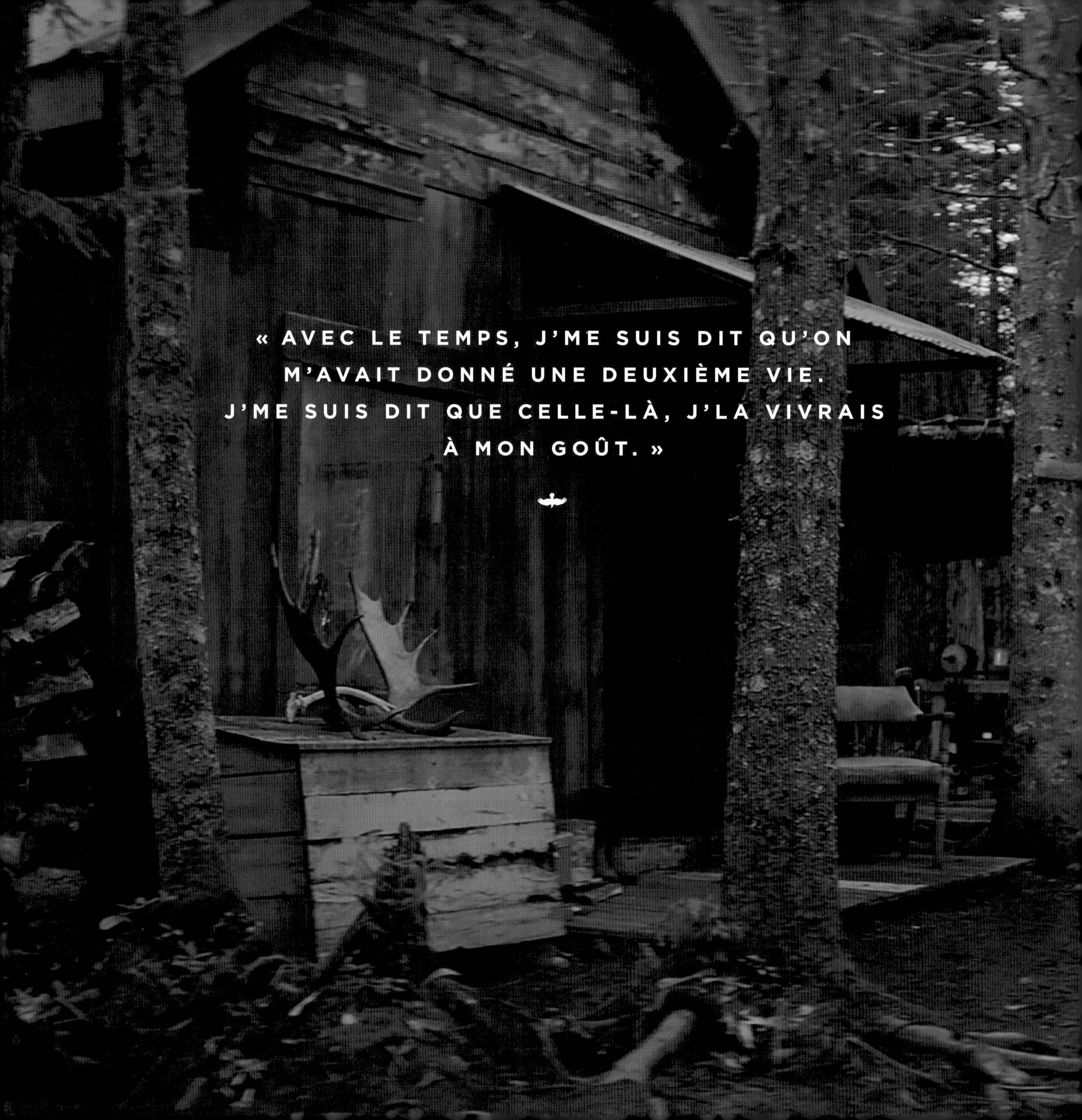

« AVEC LE TEMPS, J'ME SUIS DIT QU'ON M'AVAIT DONNÉ UNE DEUXIÈME VIE. J'ME SUIS DIT QUE CELLE-LÀ, J'LA VIVRAIS À MON GOÛT. »

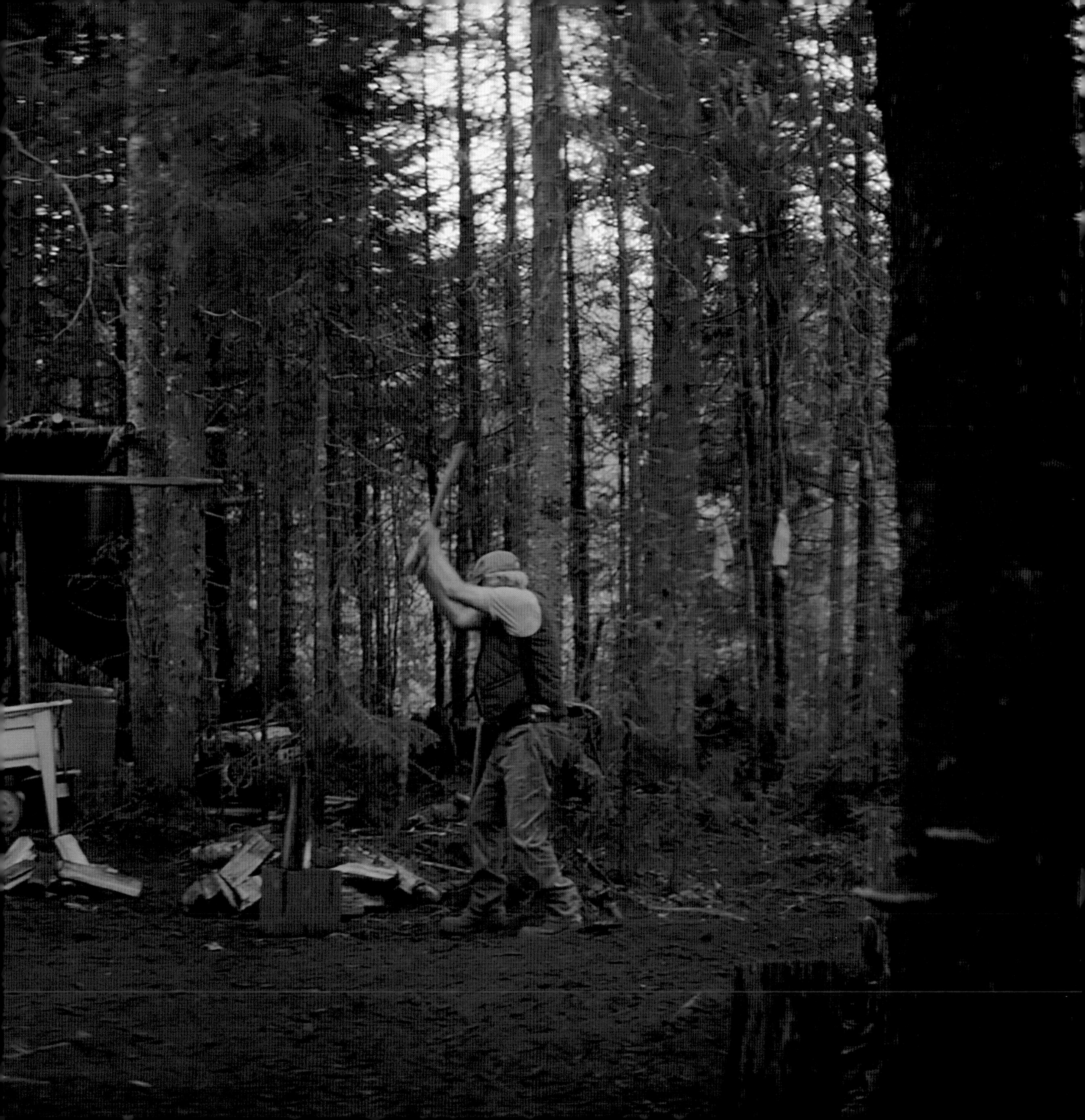

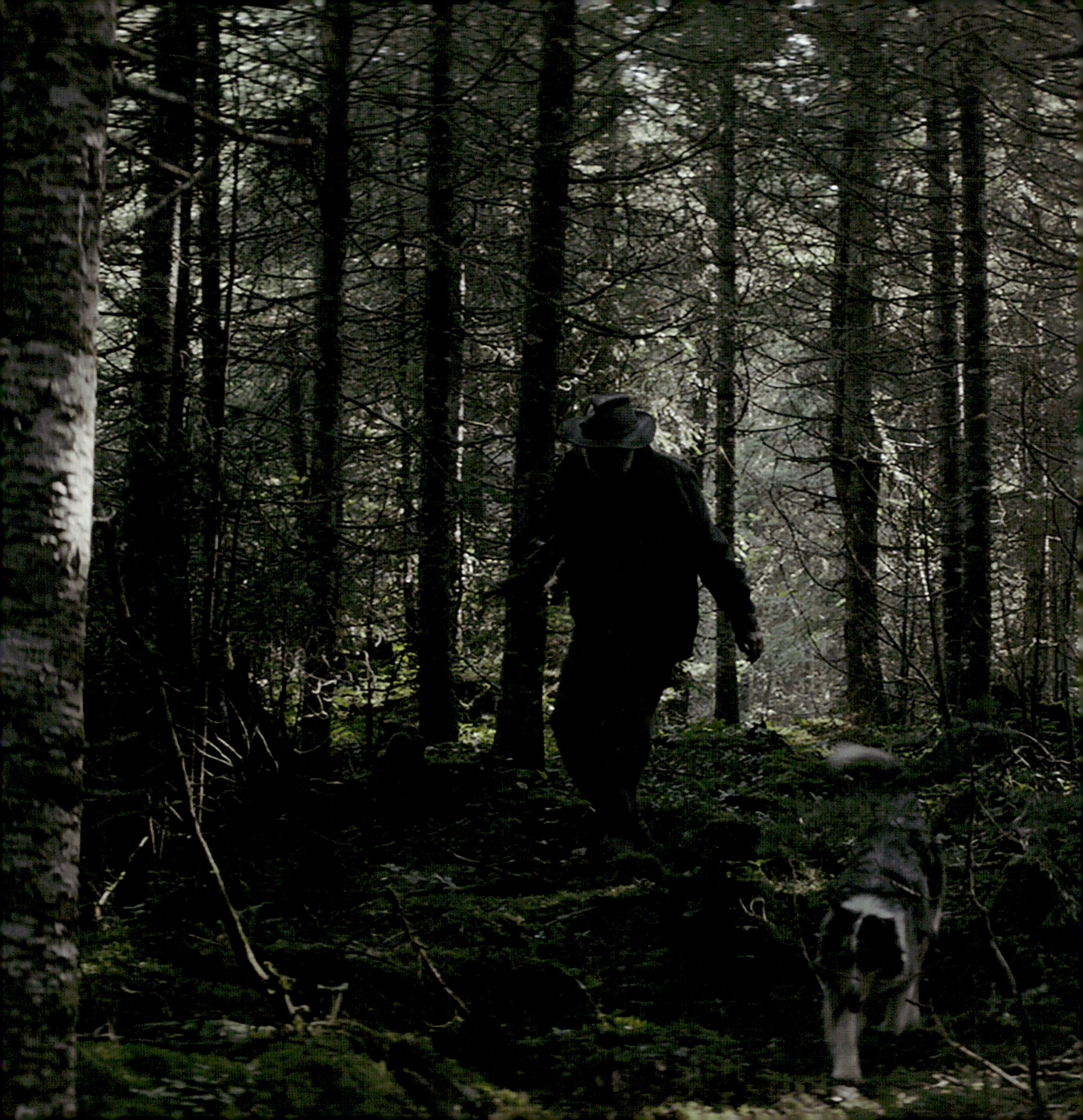

Si seul…

DANS LES MOTS DE RÉMY GIRARD

Salut Tom! On sait peu de choses sur ton passé. T'en es pas fier! T'as chanté toute ta jeunesse dans les bars avec pour seule distraction l'alcool et les femmes de passage. Tu t'es réfugié dans les plaisirs faciles, et comme tu l'expliques brièvement à Steve, t'as pas su t'arrêter à temps. T'as raté ta vie, brûlé ton talent. T'as pas connu l'amour véritable, toi, un homme de grande générosité. Tu t'es refermé, tu t'es enfoncé. Mais tu as trouvé en Charlie une planche de salut. Tu as préféré te retirer dans le bois pour te donner une chance de survivre, te donner un peu de bonheur. Oh, ça ne t'a pas guéri de ton alcoolisme, rien n'est aussi simple dans la vie, mais Charlie a le contrôle, ce qui te permet, Tom, d'avoir des petites périodes de sobriété. Assez pour profiter encore du plaisir de chanter dans la forêt avec ton chien Drink, ta bouée de sauvetage, et ta guitare dont tu prends un soin jaloux, seul objet que tu as conservé de ton ancienne vie. C'est ton moment de bonheur!

Hélas, l'arrivée de Marie-Desneige, la relation qu'elle entretient avec Charlie, ont ravivé pour toi une vieille blessure, celle de ta solitude. Toi qui croyais avoir enfin trouvé la paix, cette belle histoire d'amour dont tu te sens exclu te replonge dans tes mauvais souvenirs. L'amour, le bonheur, ce n'est pas pour toi. Tu te sens de trop, tes démons reviennent te hanter. Pourtant, quand on sait chanter, jouer de la guitare, c'est qu'on a du cœur, non? C'est qu'on peut aimer, non?

Comme toi, Tom, j'ai fait de la musique dans les bars et salles de danse quand j'étais jeune. Mais je faisais aussi du théâtre. Quand est venu le temps de songer sérieusement à une carrière, j'ai choisi d'être acteur; bien m'en prit, Tom, car comme toi je suis un excessif, et, à traîner dans les bars, j'aurais pu moi aussi passer à côté de ma vie. Mais je n'ai pas quitté la musique pour autant, elle prend une grande place dans ma vie. Je ne suis pas devenu un ermite dans le bois non plus. Mais savais-tu qu'à la campagne, j'ai une forêt à moi? Je suis vraiment privilégié, Tom. Ce n'est pas le silence que je vais y chercher, mais la paix! D'ailleurs la forêt est tout sauf silencieuse… Il y a le bruissement des feuilles, le chant des oiseaux, les hurlements des coyotes et le hululement de mon Grand-Duc la nuit. Comme j'aime aussi le grondement de la ville! C'est là où je ne te ressemble pas: j'ai besoin des deux!

Quand les gens vont te voir, j'espère qu'ils vont te comprendre, l'ami. Pour moi, tu es une de mes plus belles rencontres. Voilà ce que je tenais à te dire. Je suis sûr qu'on va se retrouver.

Salut Tom, *so long*!

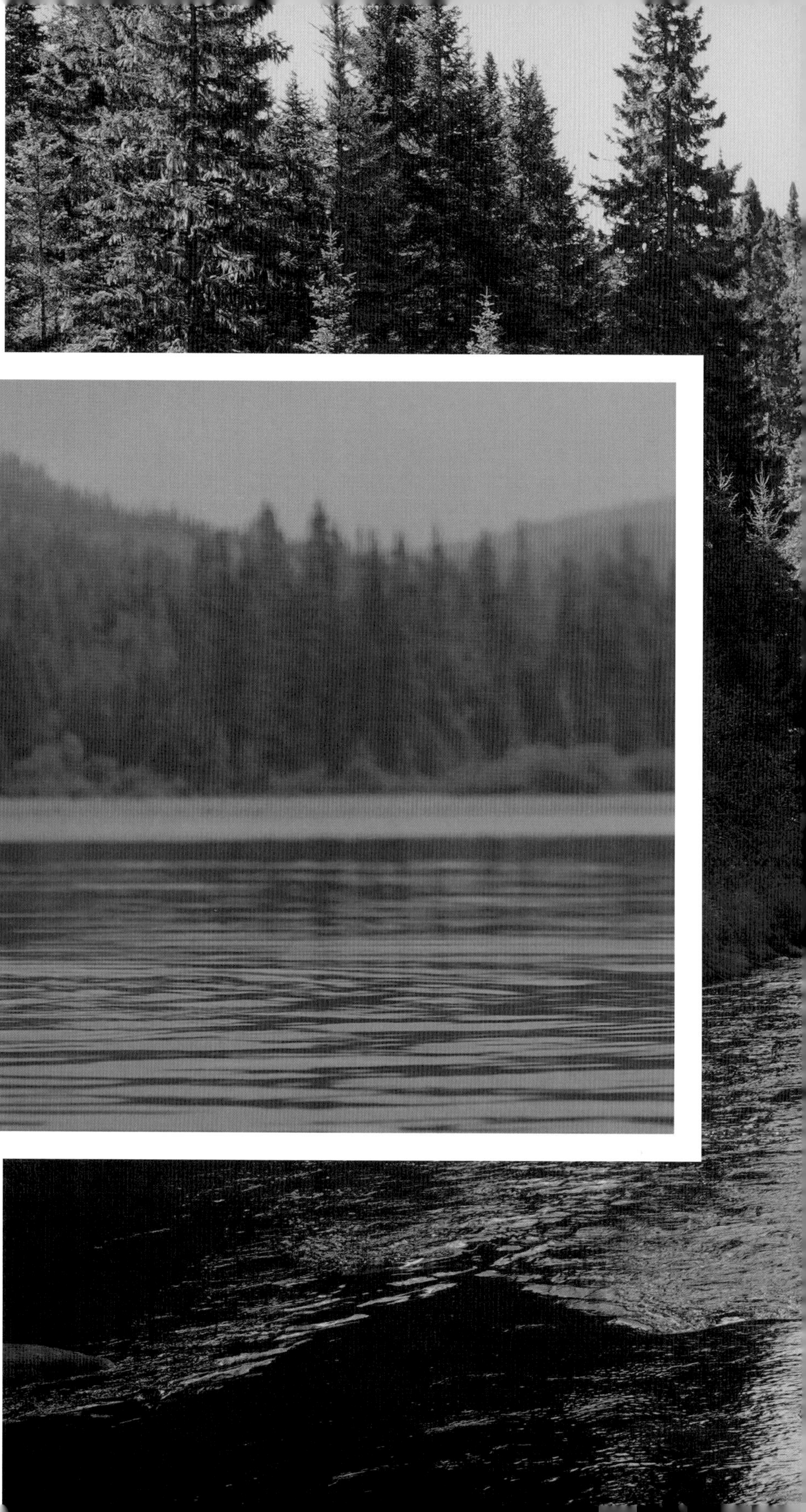

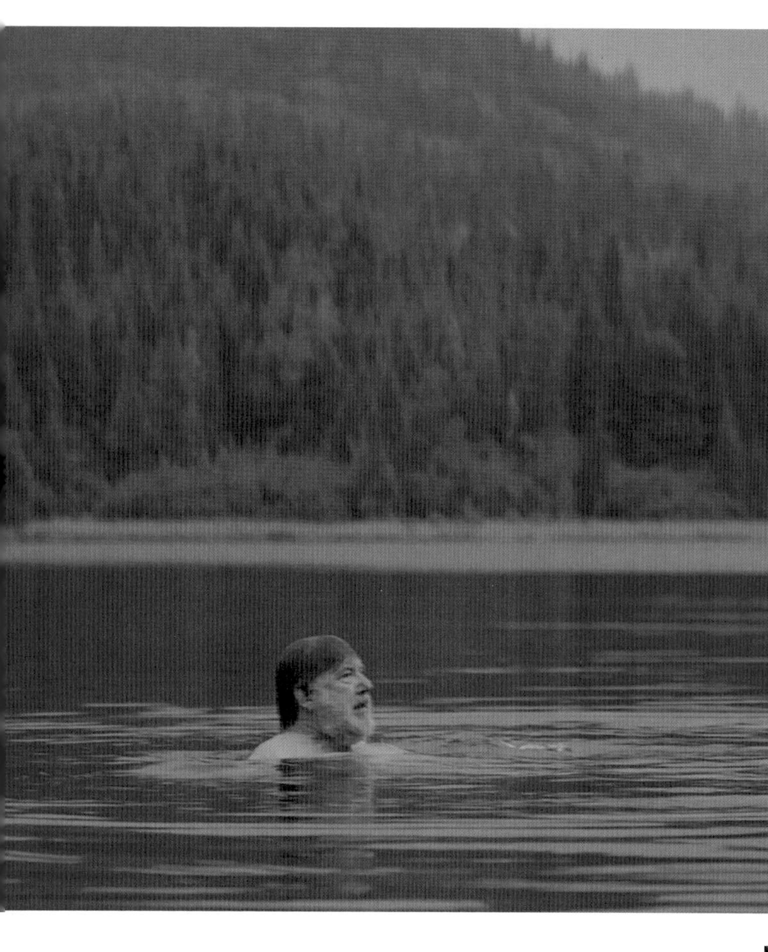

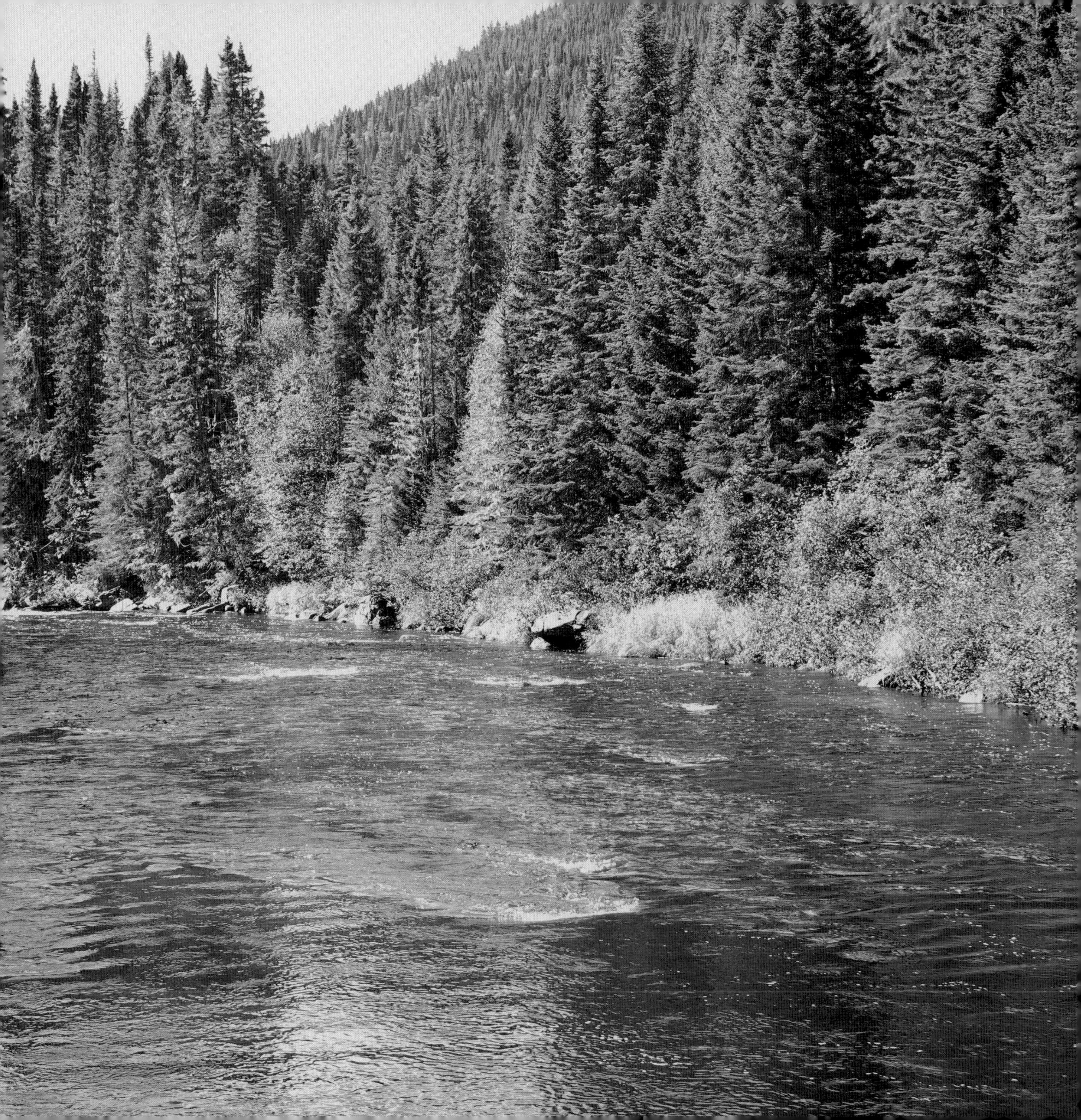

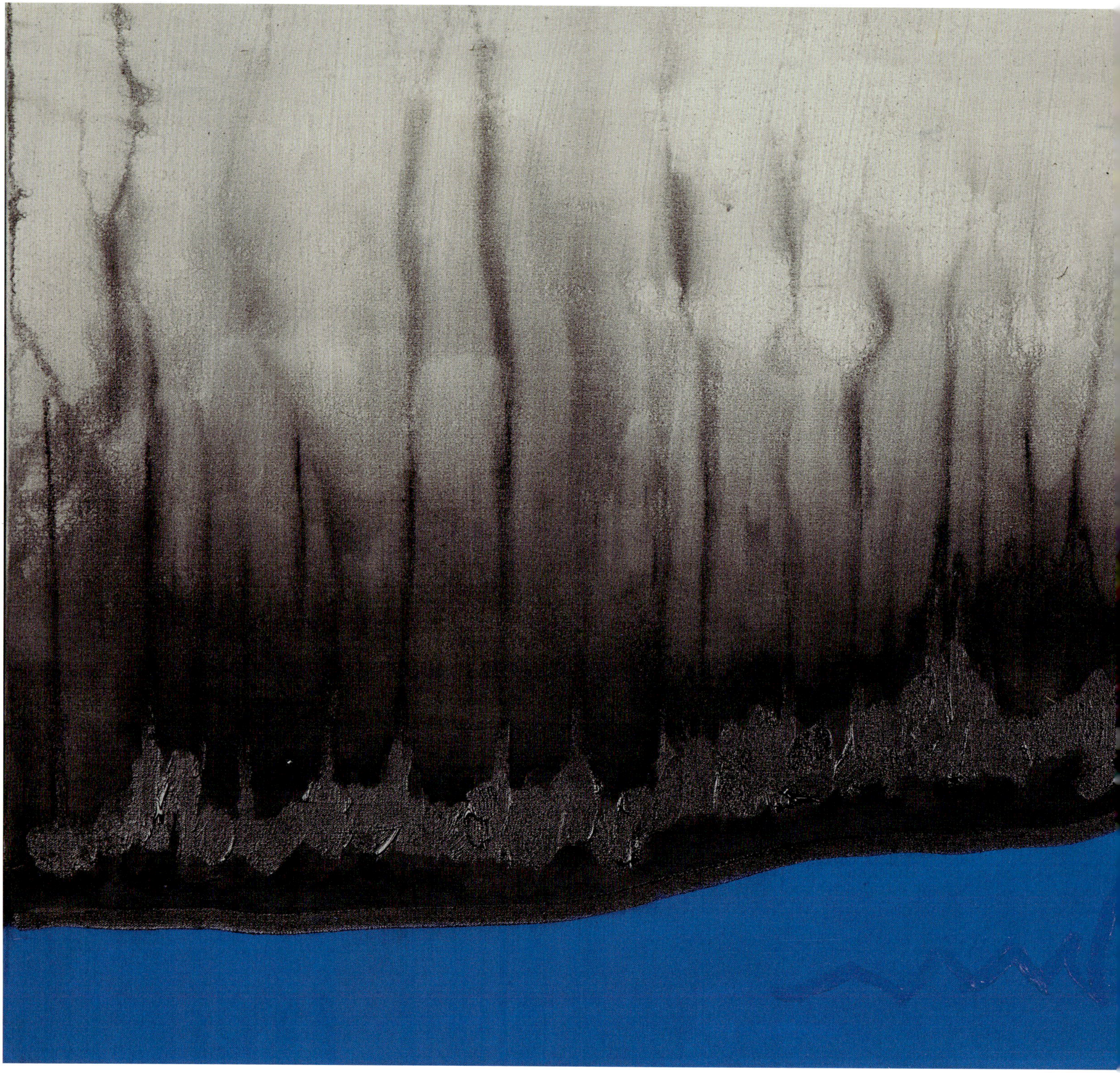

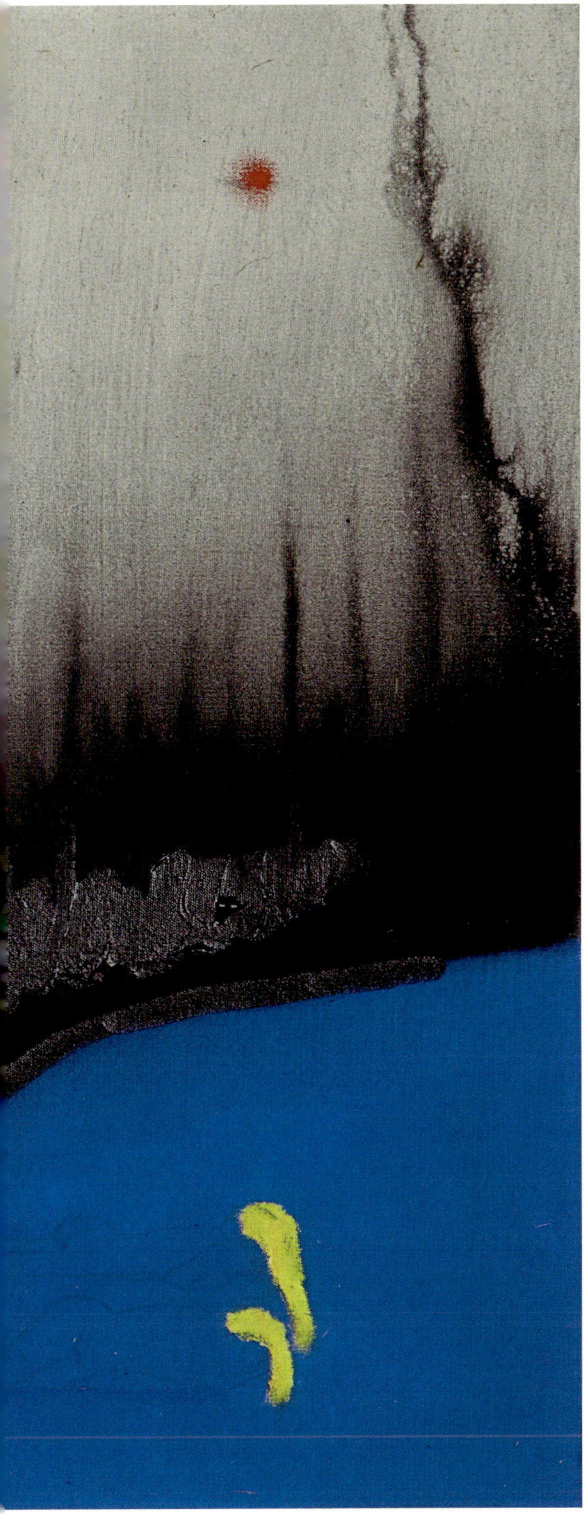

Je suis dans l'impasse de
la solitude. Après tout ce temps,
sortir de cet état, réapparaître,
réémerger, me demanderait
plus d'explications.

Je suis seul et c'est parfaitement
injuste de ma part. Parce que
vous êtes là, à m'attendre.

- Extrait d'une lettre de Ted Boychuck à Margie Polson

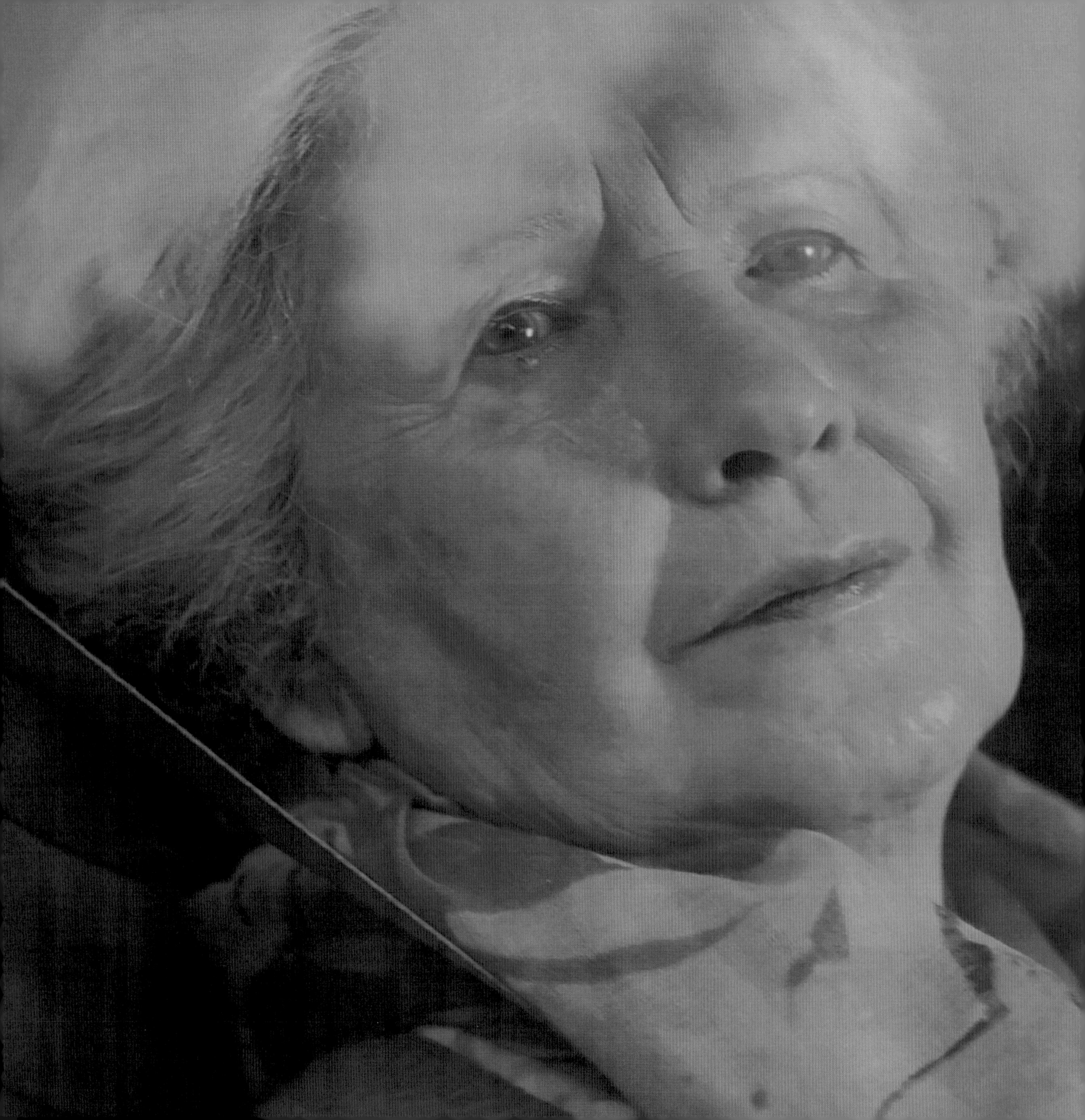

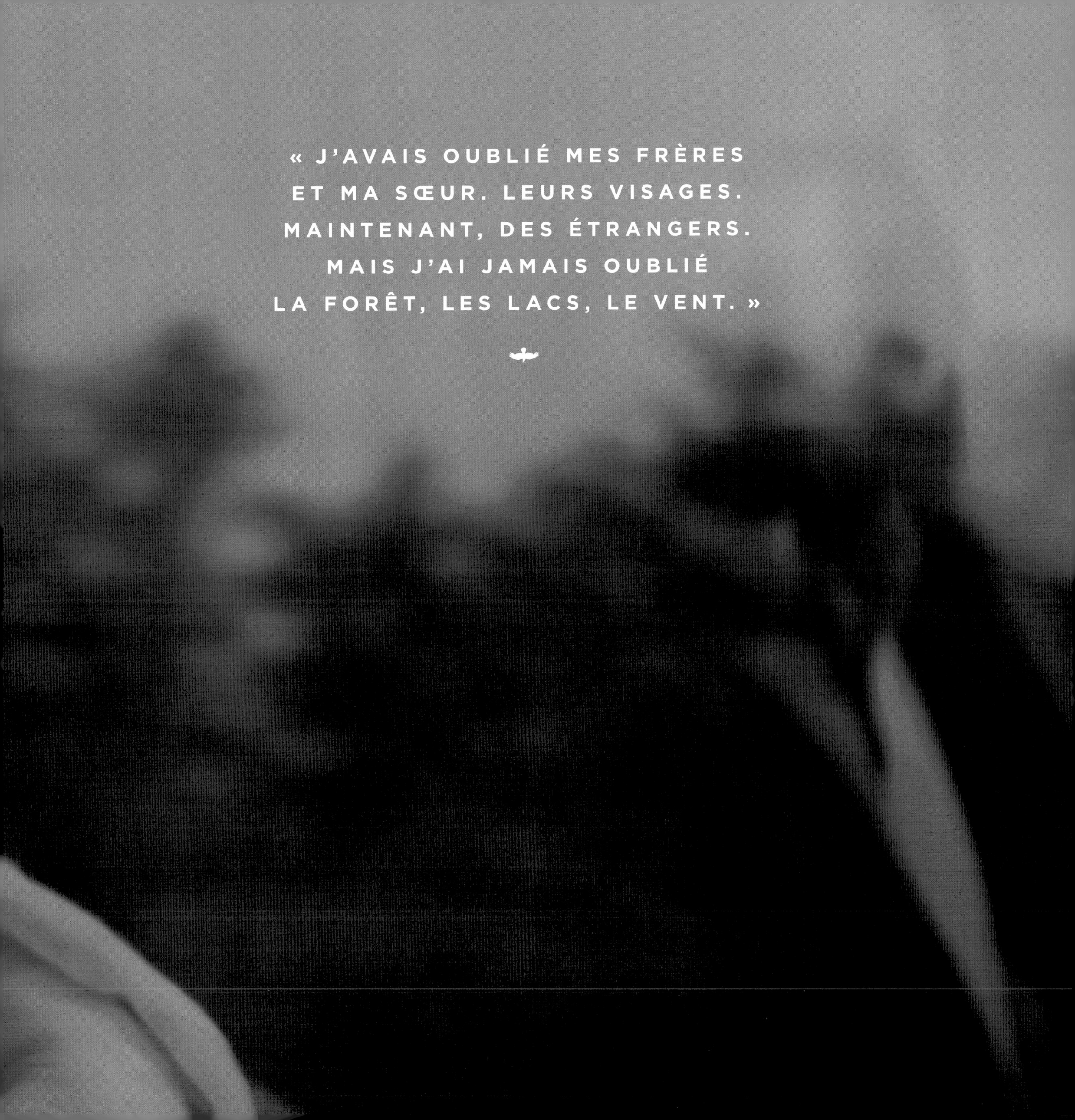

« J'AVAIS OUBLIÉ MES FRÈRES
ET MA SŒUR. LEURS VISAGES.
MAINTENANT, DES ÉTRANGERS.
MAIS J'AI JAMAIS OUBLIÉ
LA FORÊT, LES LACS, LE VENT. »

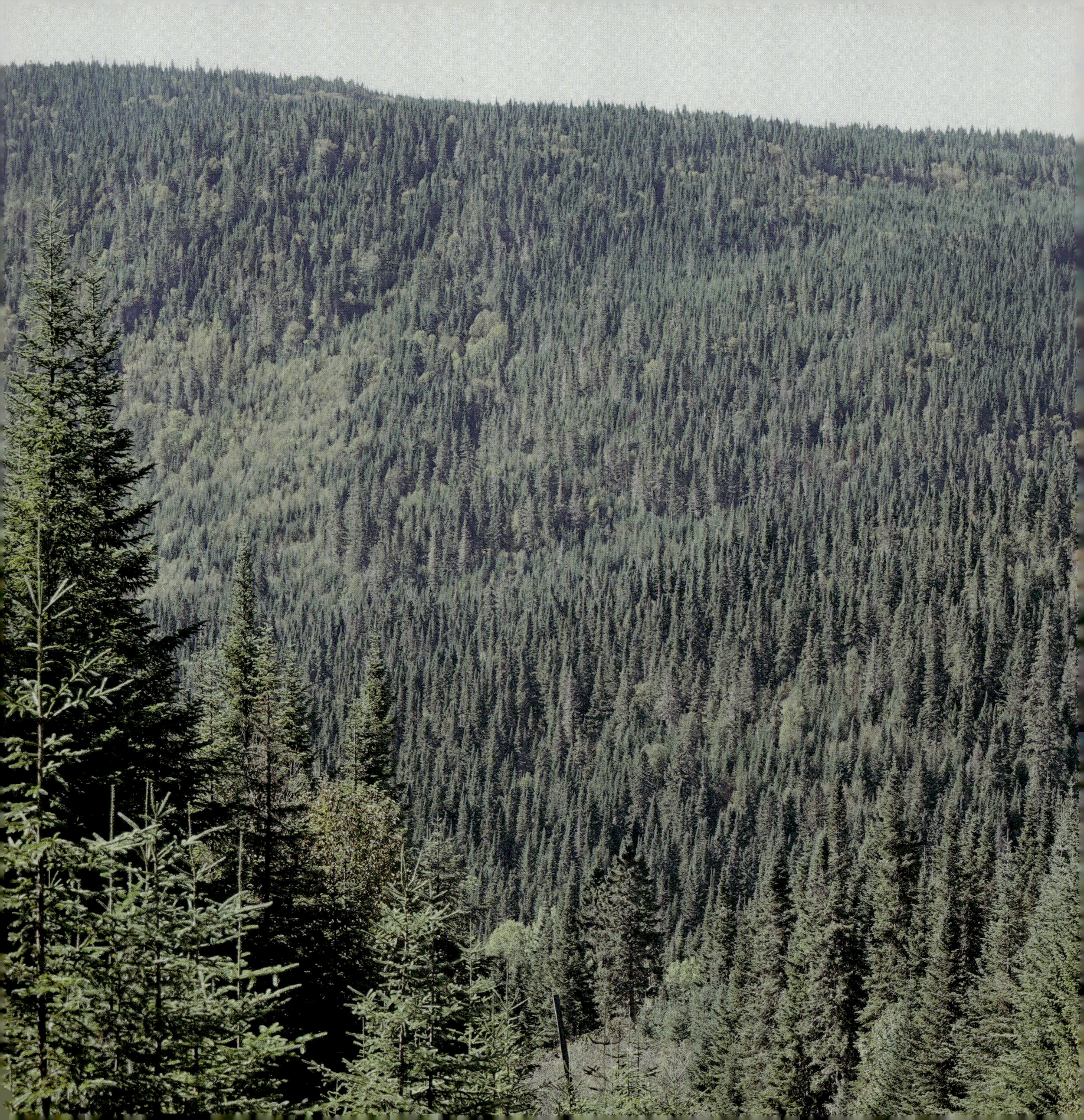

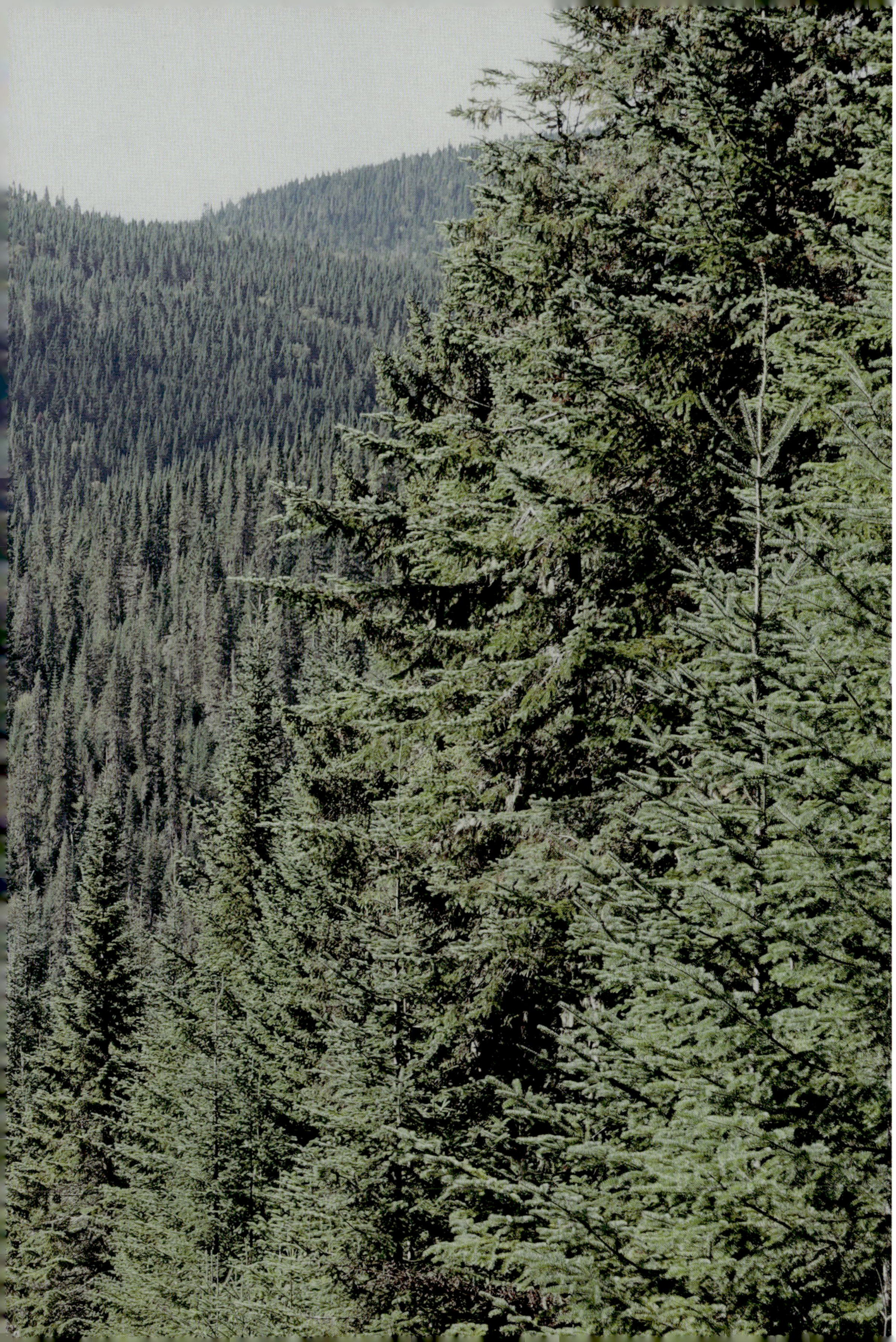

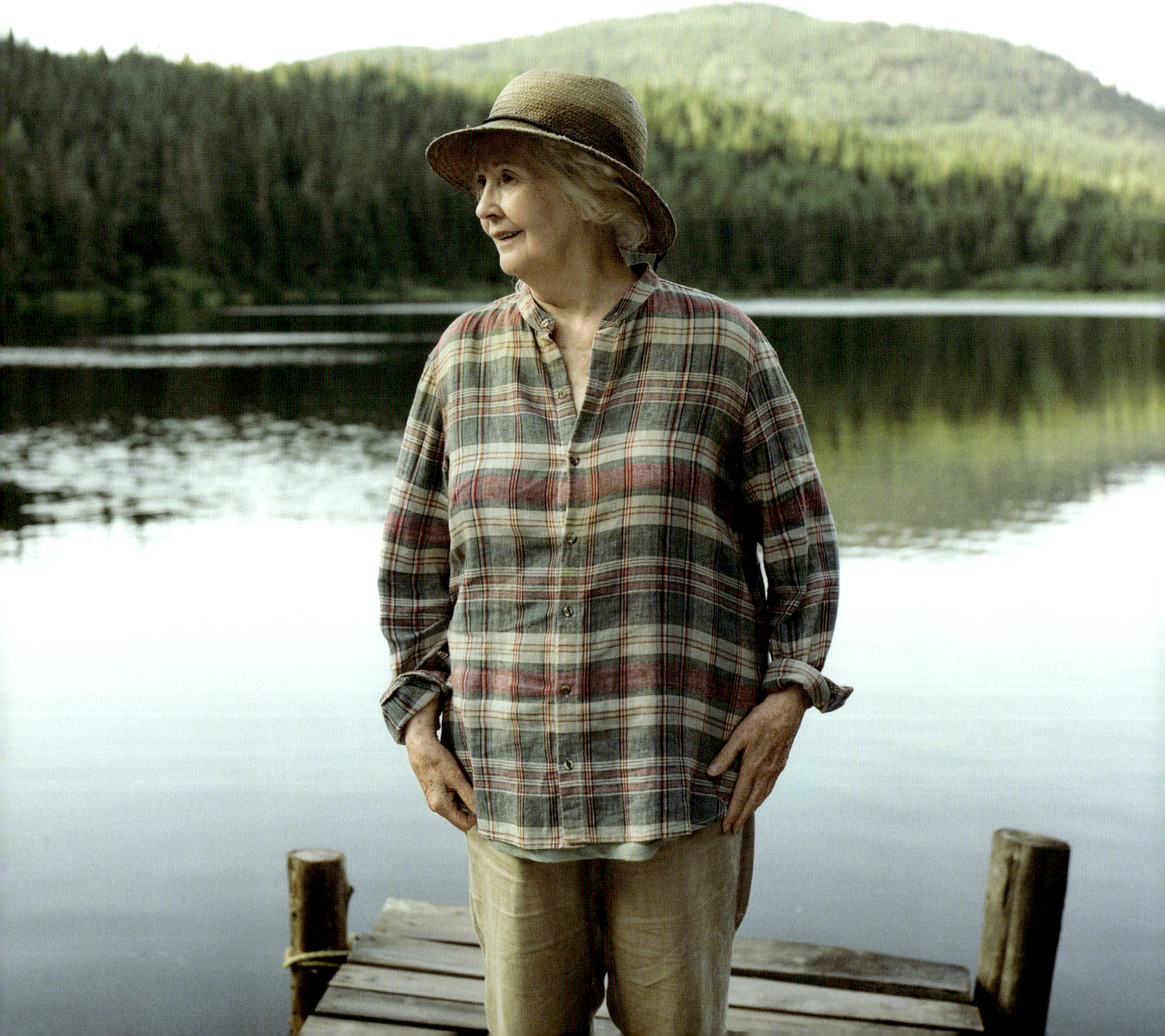

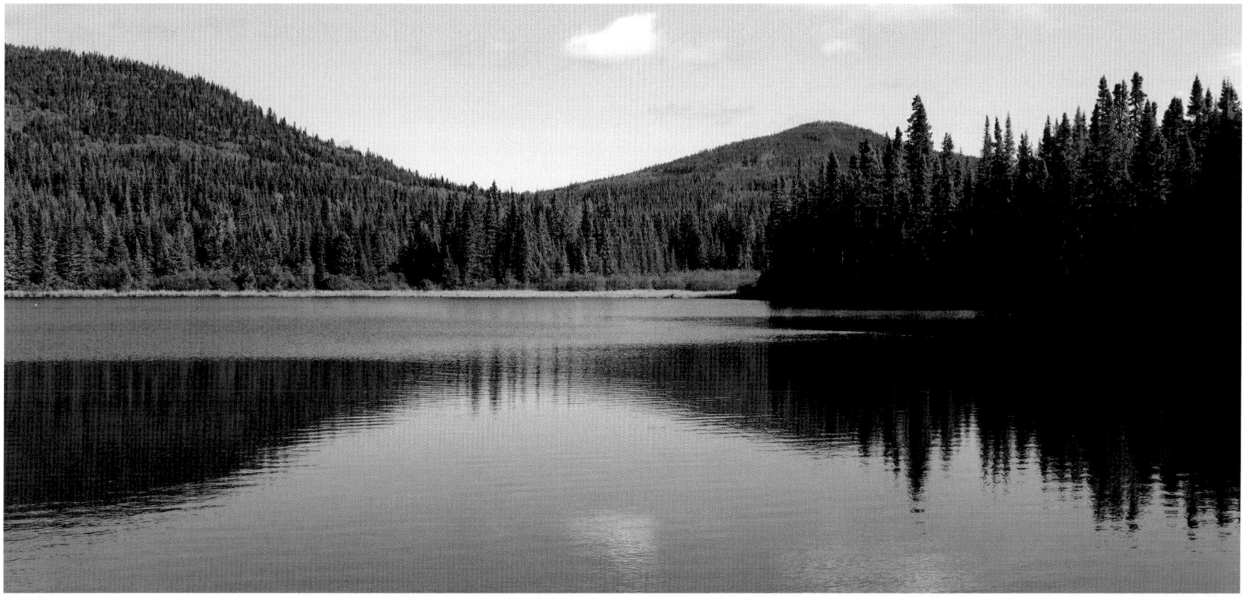

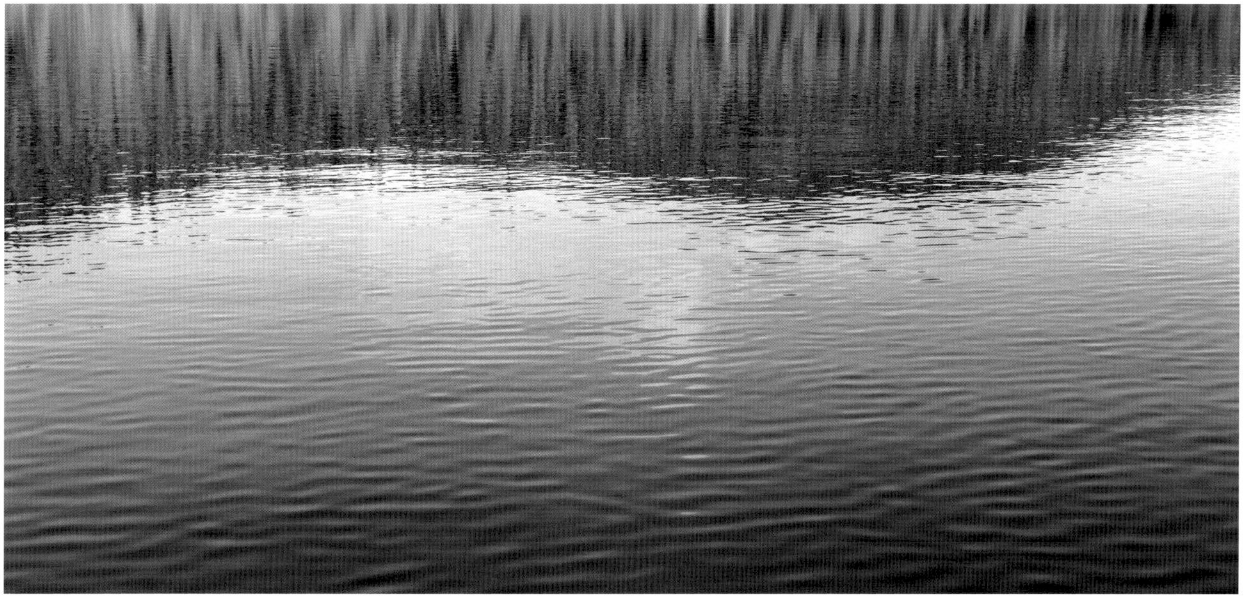

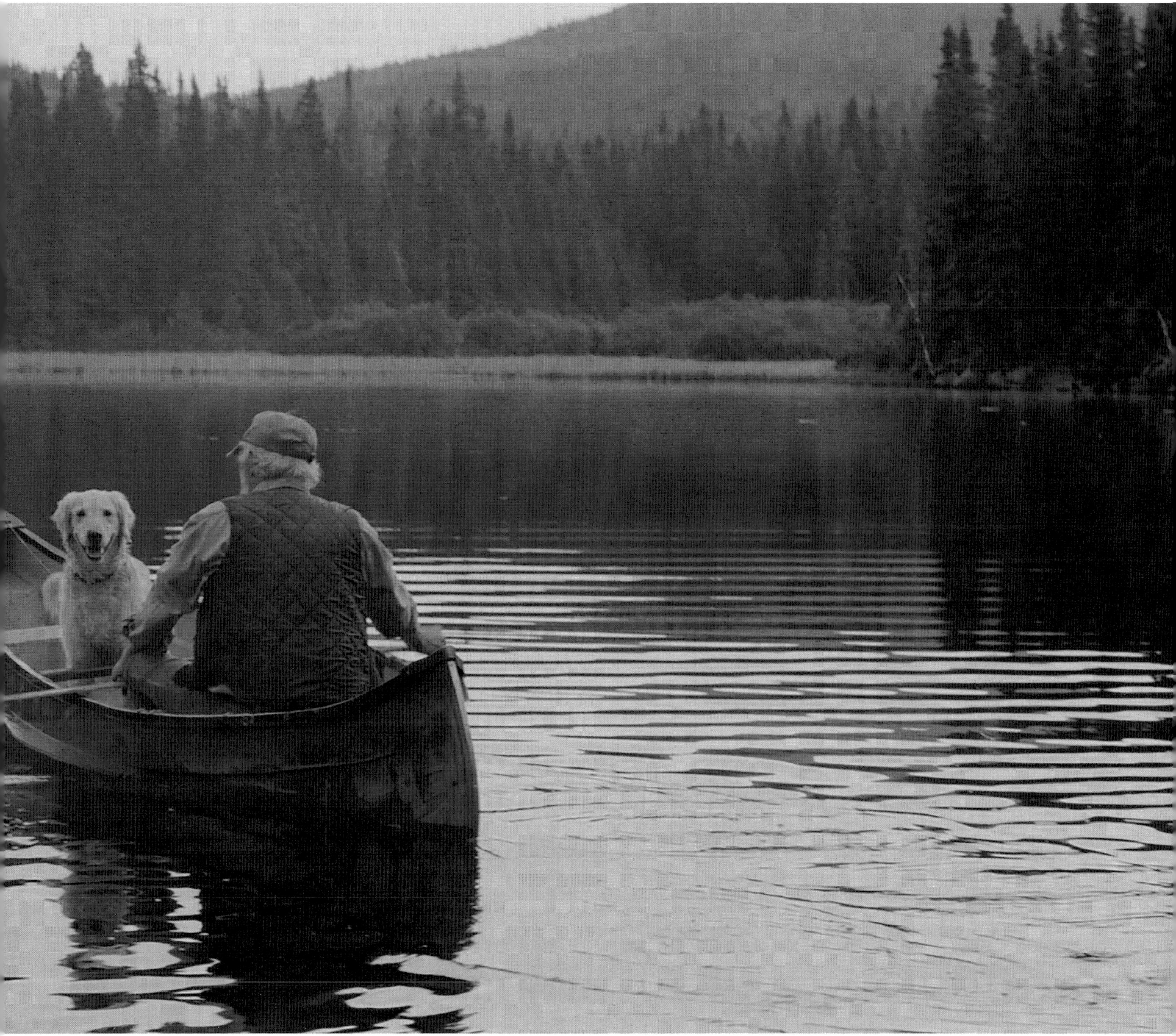

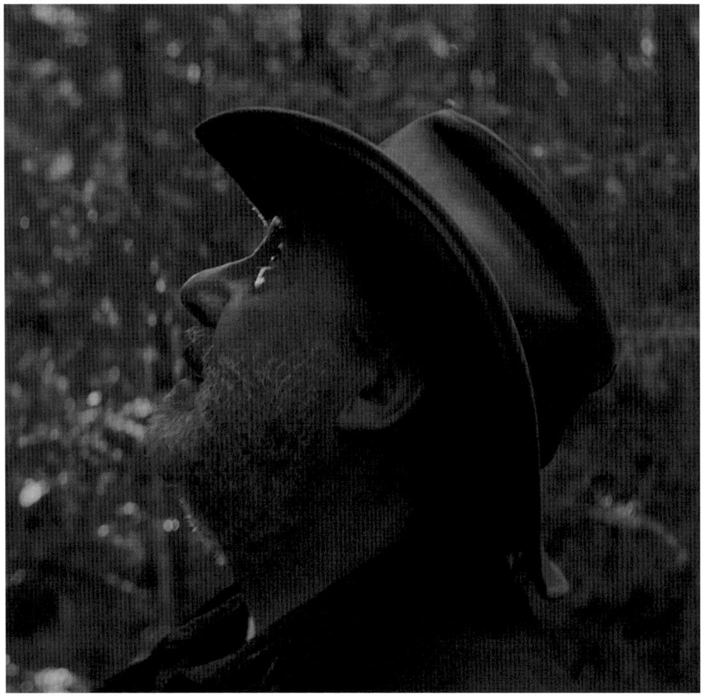
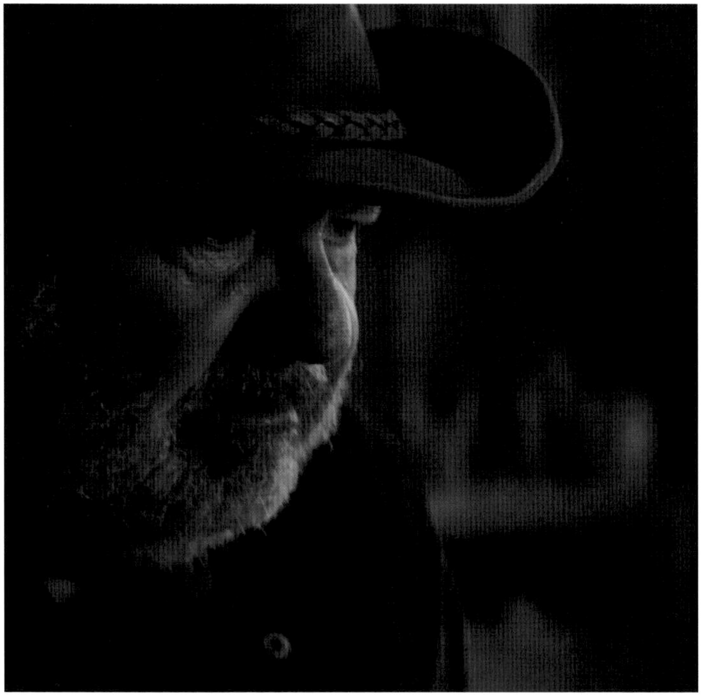

« T'AVAIS PAS À METTRE LES PIEDS DANS SA SHED. PERSONNE ALLAIT DANS SON ATELIER. PAS MOI, PAS CHARLIE. PERSONNE. C'EST ÇA QUE TED A CHOISI, DE TOUT LAISSER POURRIR. Y EST PAS VENU DANS L'BOIS POUR QU'ON Y POSE DES QUESTIONS. »

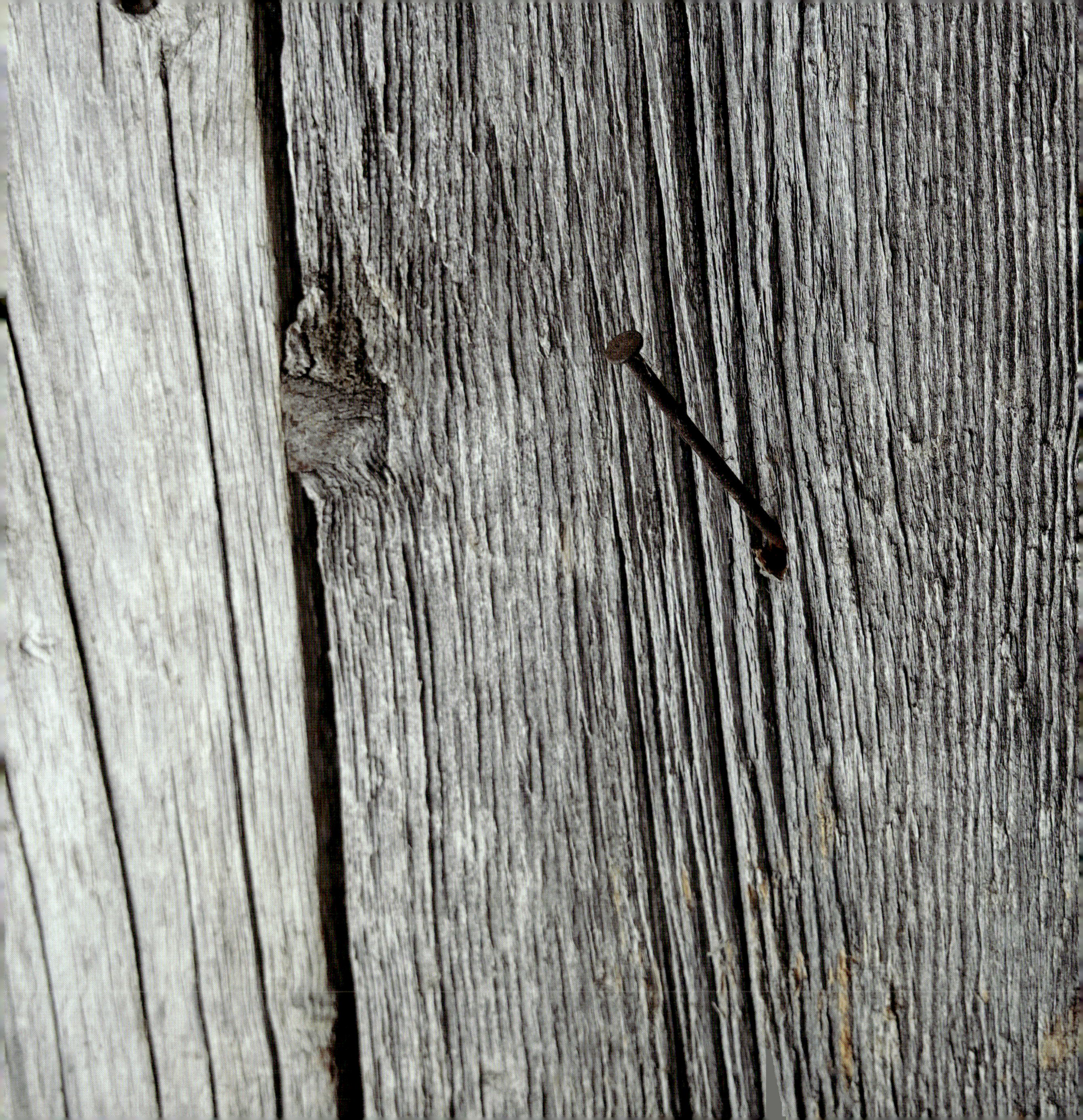

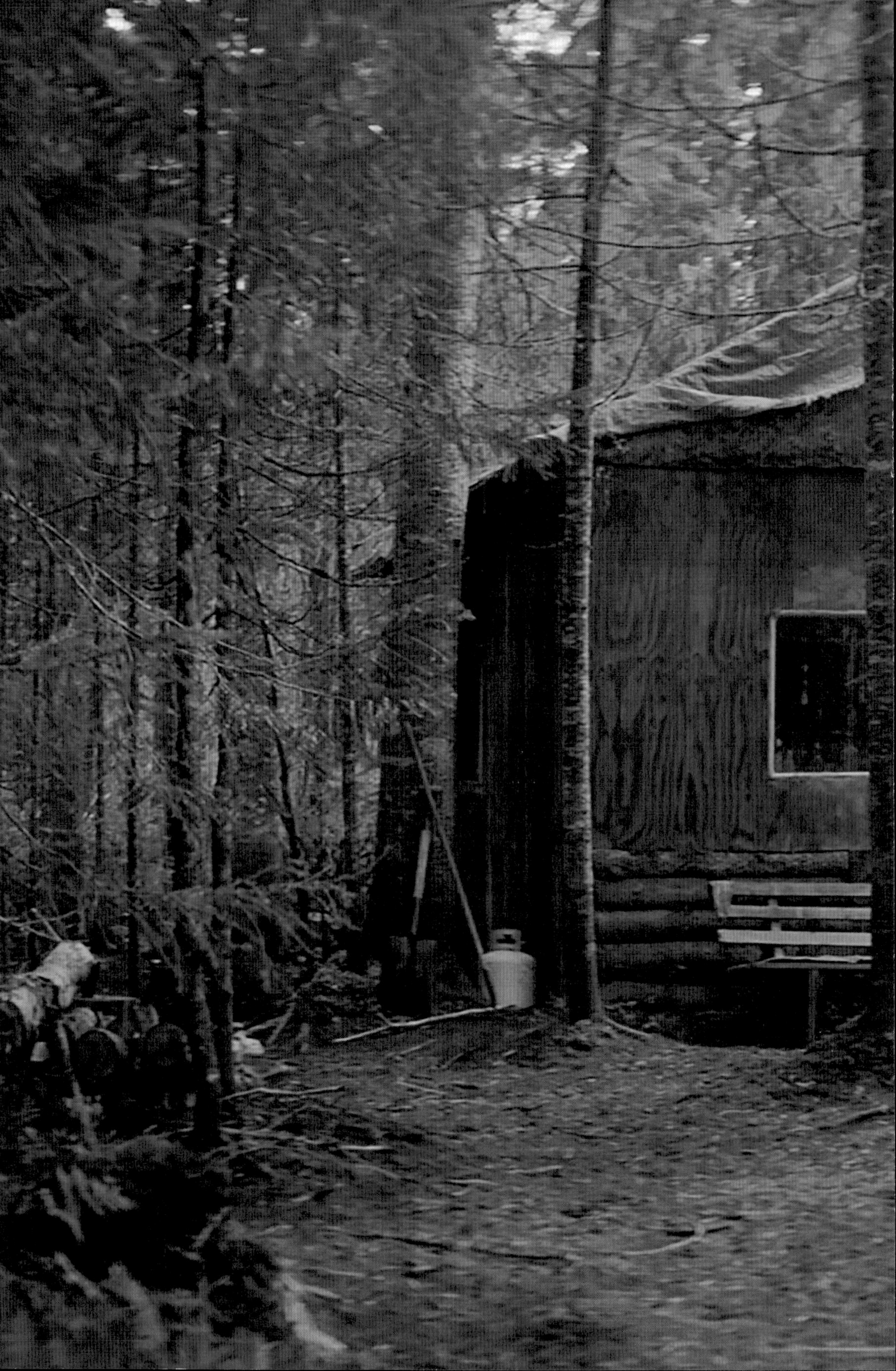

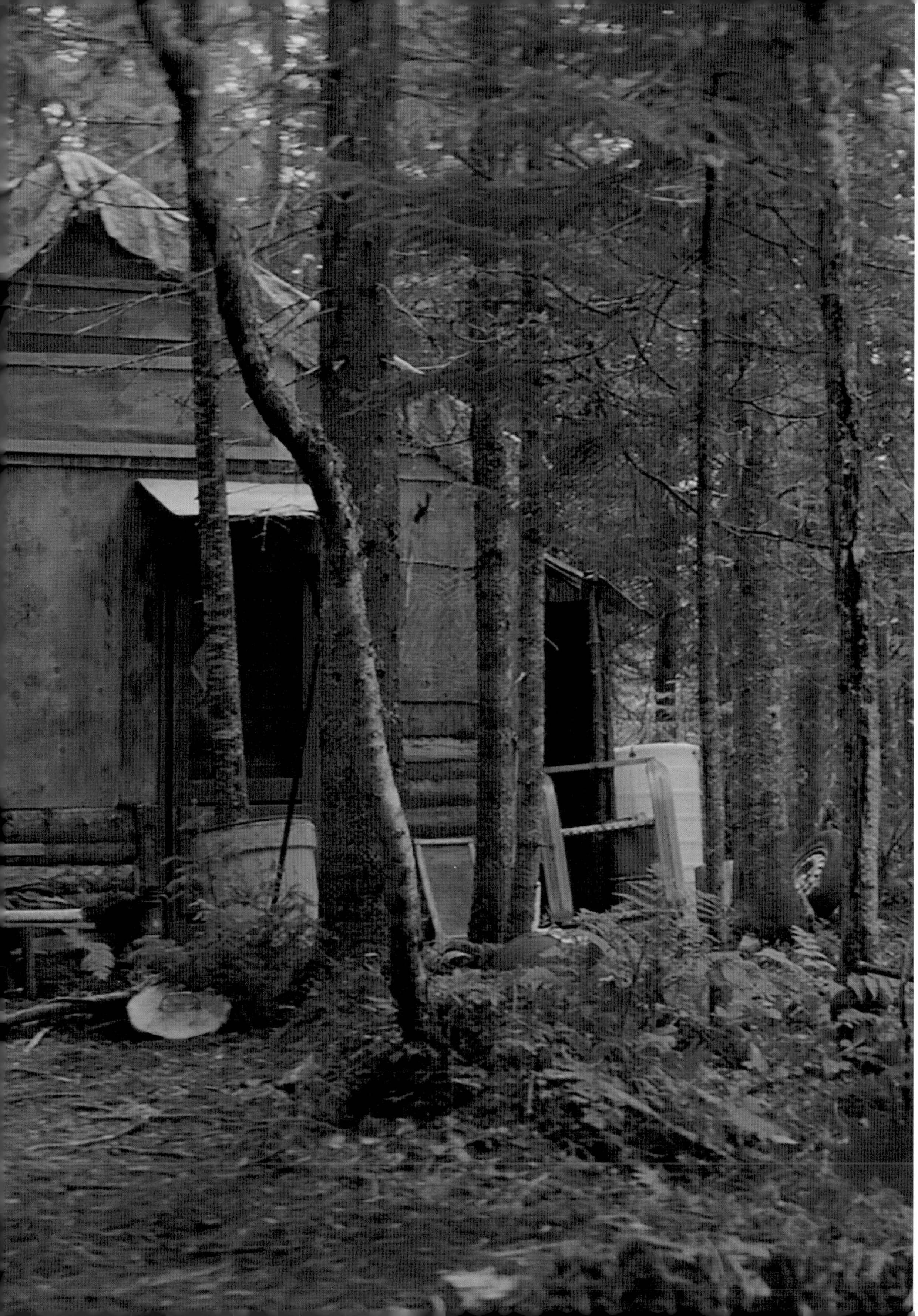

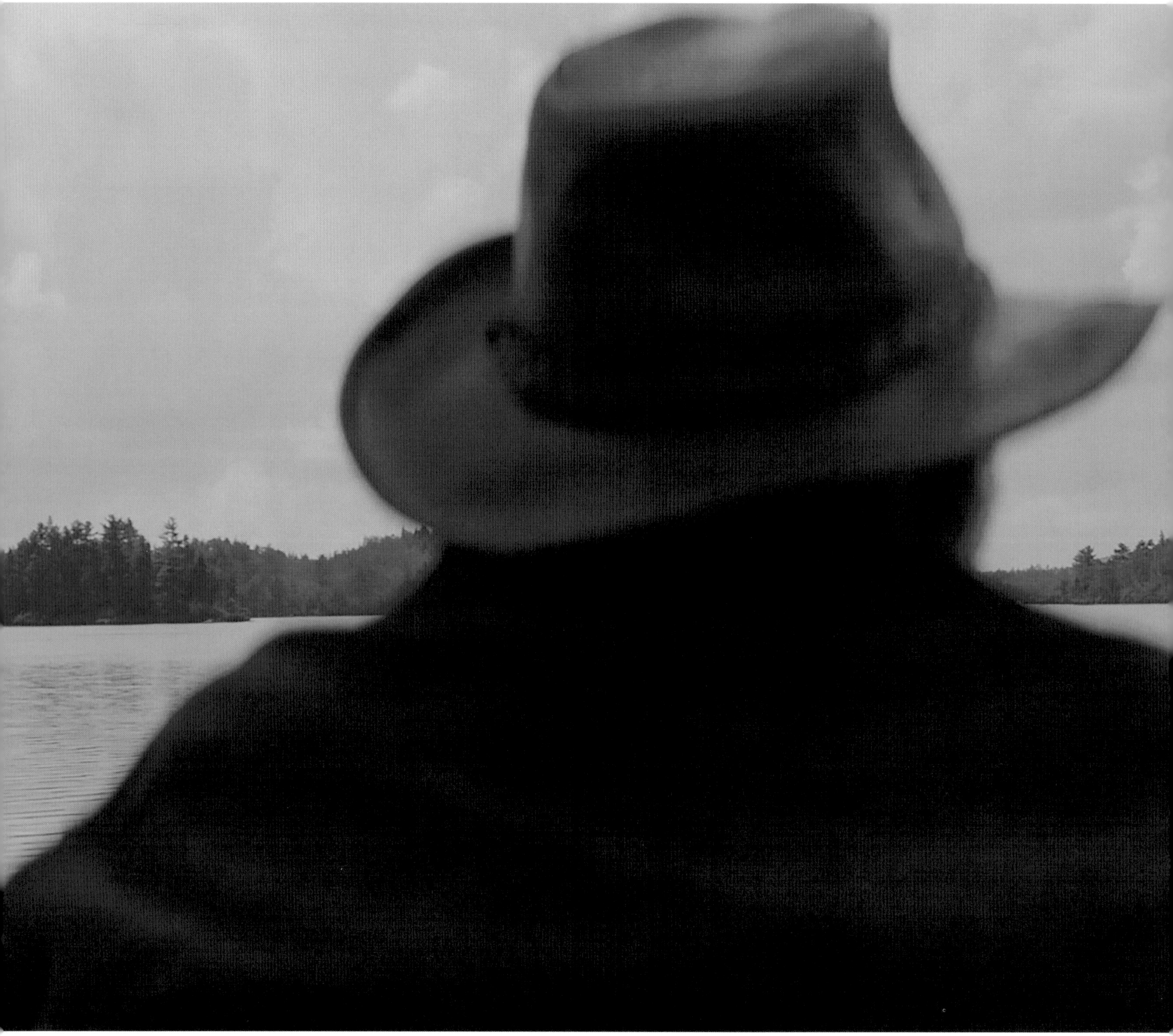

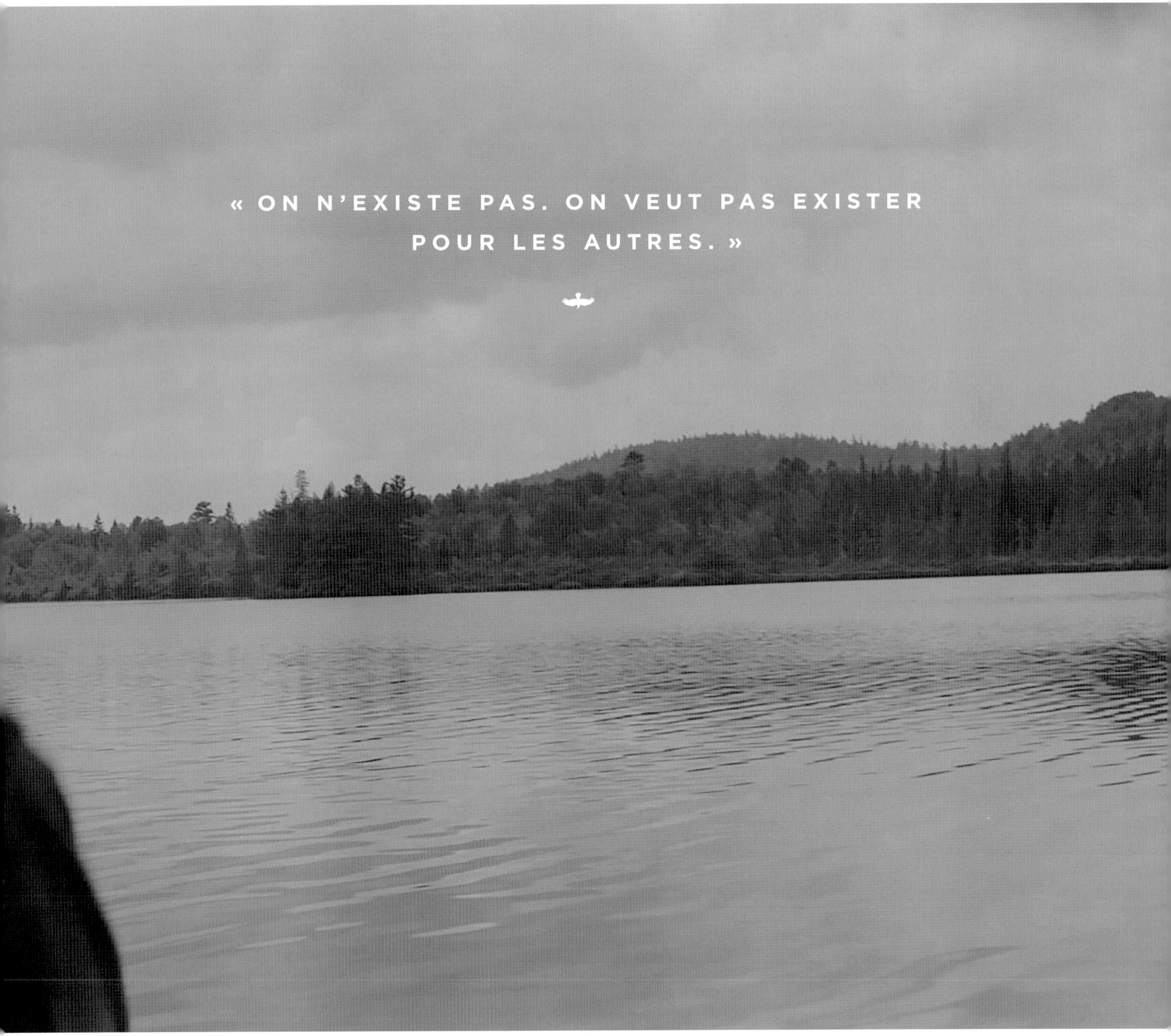
« ON N'EXISTE PAS. ON VEUT PAS EXISTER
POUR LES AUTRES. »

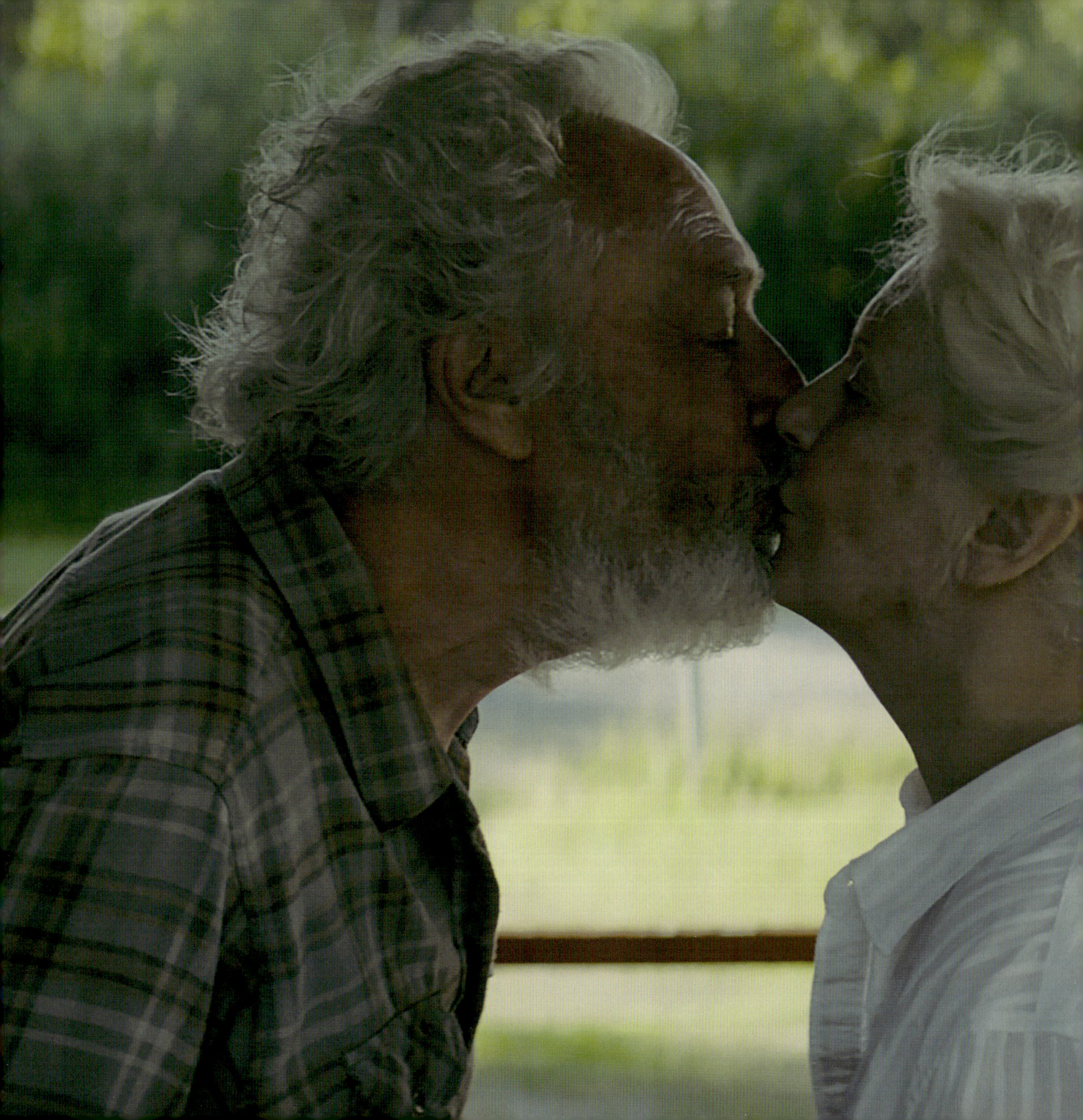

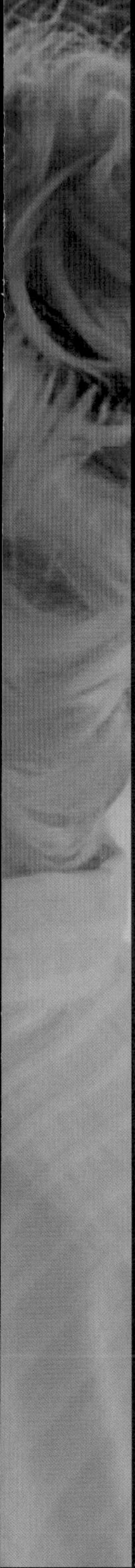

… mais ensemble

DANS LES MOTS D'ANDRÉE LACHAPELLE

Connaître l'amour après 60 ans est une chose merveilleuse, un renouveau. Mon dernier amour, avec André Melançon, en est la preuve pour moi. C'est arrivé doucement, ce ne fut pas un coup de foudre : quand je l'ai rencontré, je n'étais pas prête à changer de vie. Et pourtant, je savais. Je n'ai pas été étonnée quand nos échanges sont devenus tendres. Je savais que ça m'arriverait.

On peut presque faire un parallèle avec le personnage de Marie-Desneige, qui à 80 ans rencontre soudain un homme près de qui elle veut dormir. Bien sûr, il y a cet attrait physique indéfinissable qui compte, beaucoup. Et l'admiration de l'autre. Mais c'est le partage, les points communs et l'envie d'être présent pour l'autre qui réunissent des personnes plus expérimentées. Parce que oui, j'aime parler d'expérience plutôt que de vieillesse. Il me semble que c'est plus juste. Il y a une liberté profonde qui s'installe quand l'expérience devient plus grande, une liberté porteuse du bonheur quotidien.

Quand Marie-Desneige se retrouve avec ces gens expérimentés qui ne portent aucun jugement les uns sur les autres et qui se permettent de vivre leur propre vie, avec leurs désirs, avec leurs passions, qui ne dérangent personne, c'est extraordinaire. Elle n'avait connu jusque-là que des gens que les excès de liberté dérangeaient. Et voilà qu'elle est libre de penser ce qu'elle veut, de vivre, d'agir comme elle veut – enfin ! Puis vient un amour, que je trouve magnifique. Charlie est un bel homme, elle le voit, mais surtout il est attentif à elle. Ce n'est pas un homme froid, c'est un homme de bienveillance. Un amour comme celui-là nous ramène à l'essentiel et fait éclore les plus belles facettes de notre personnalité. Il faut le cultiver.

Dans ma vie, la solitude n'existe pas, parce que la porte de ma maison a toujours été grande ouverte et qu'elle le restera certainement jusqu'à la fin. Au fond, pour bien vieillir, il faut être entouré et partager avec les autres. C'est dans ce partage que chaque ride prend un sens et devient acceptable. Je n'aurais pas pu vieillir en beauté si je n'avais pas été aussi bien entourée, aussi bien aimée.

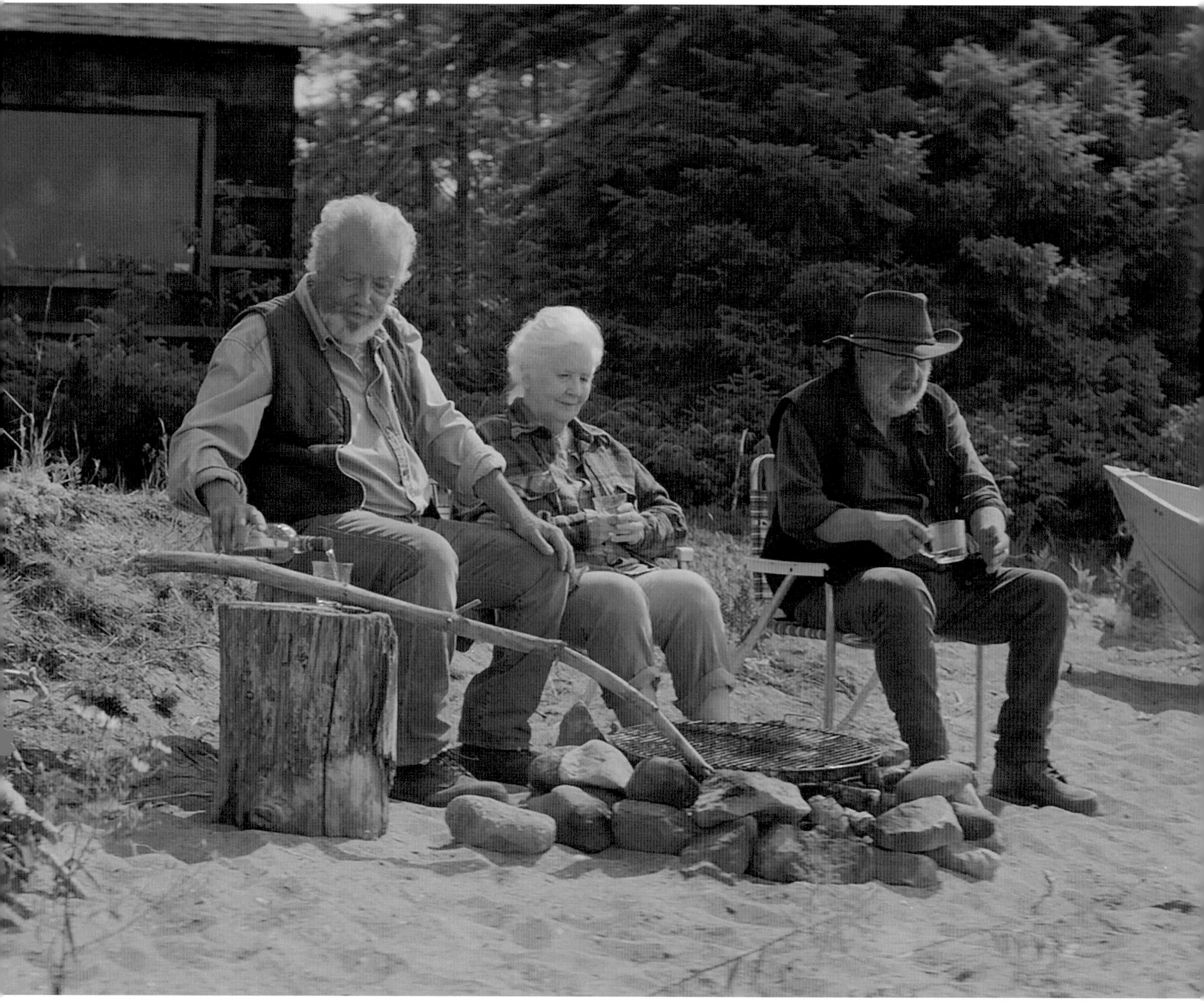

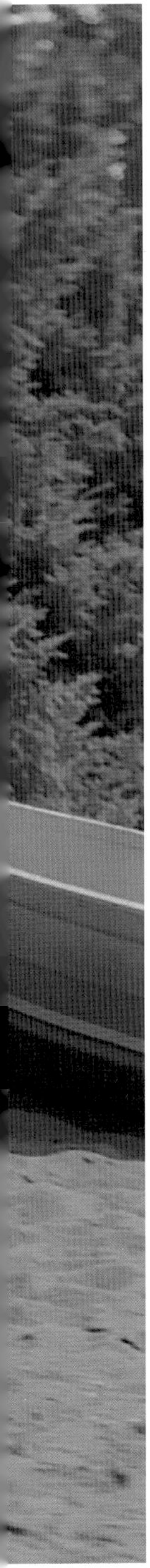

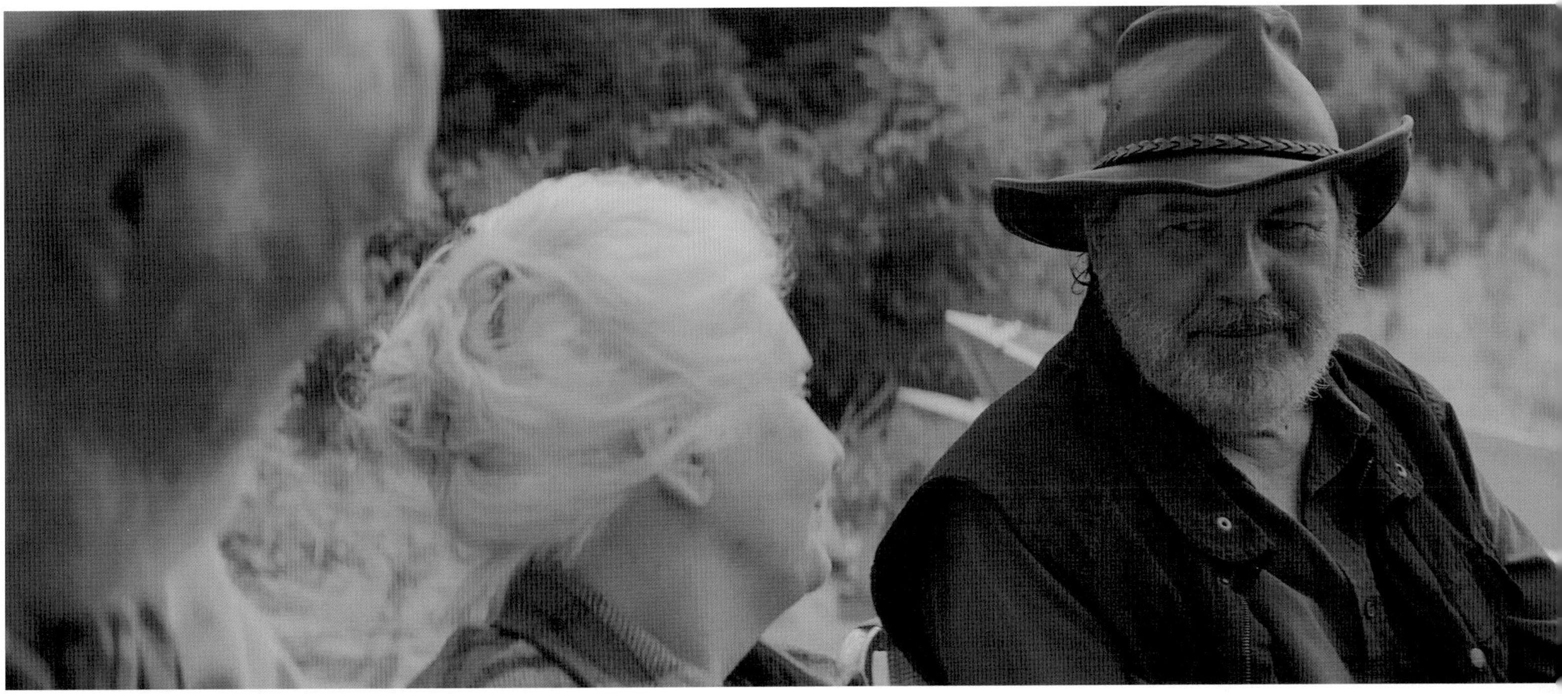

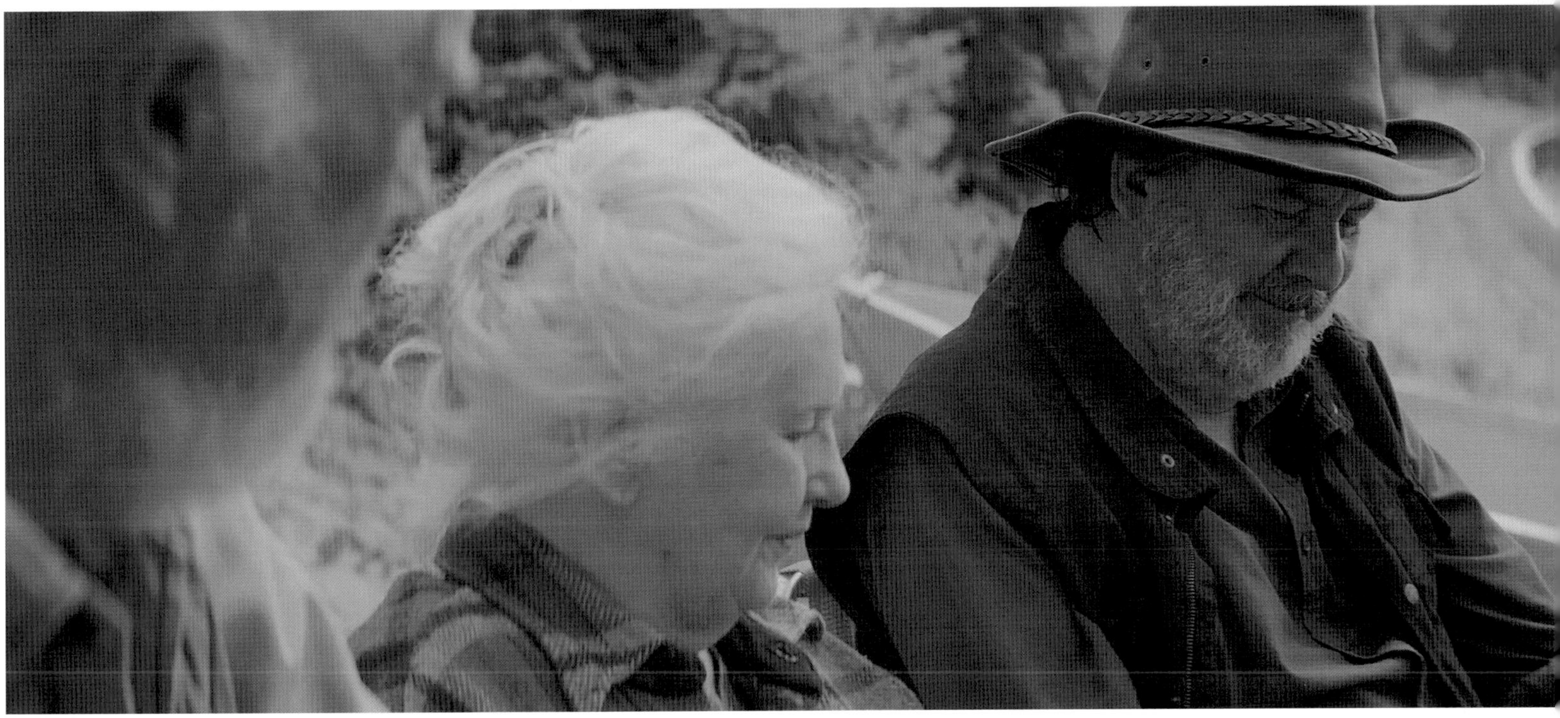

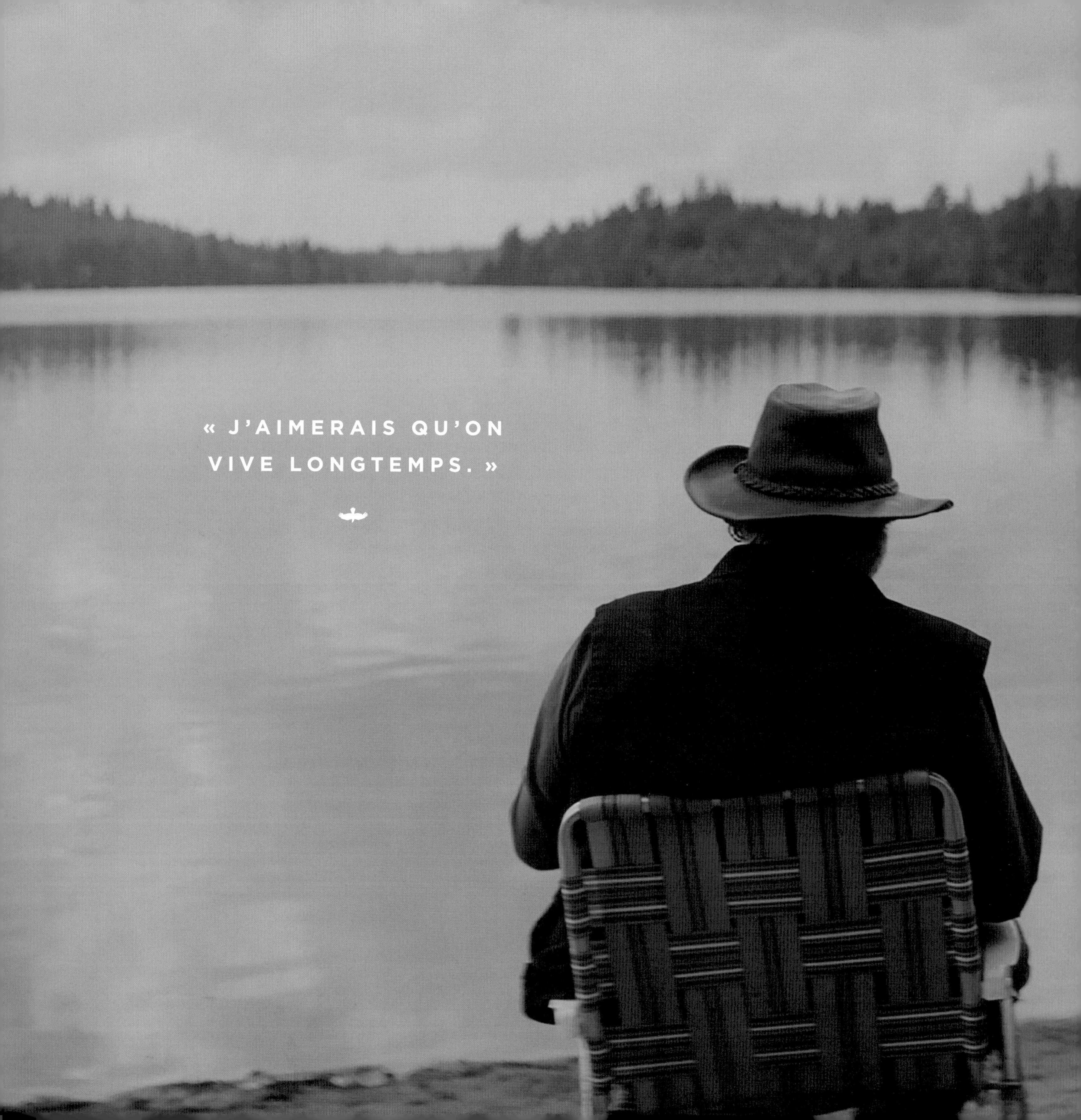

« J'AIMERAIS QU'ON
VIVE LONGTEMPS. »

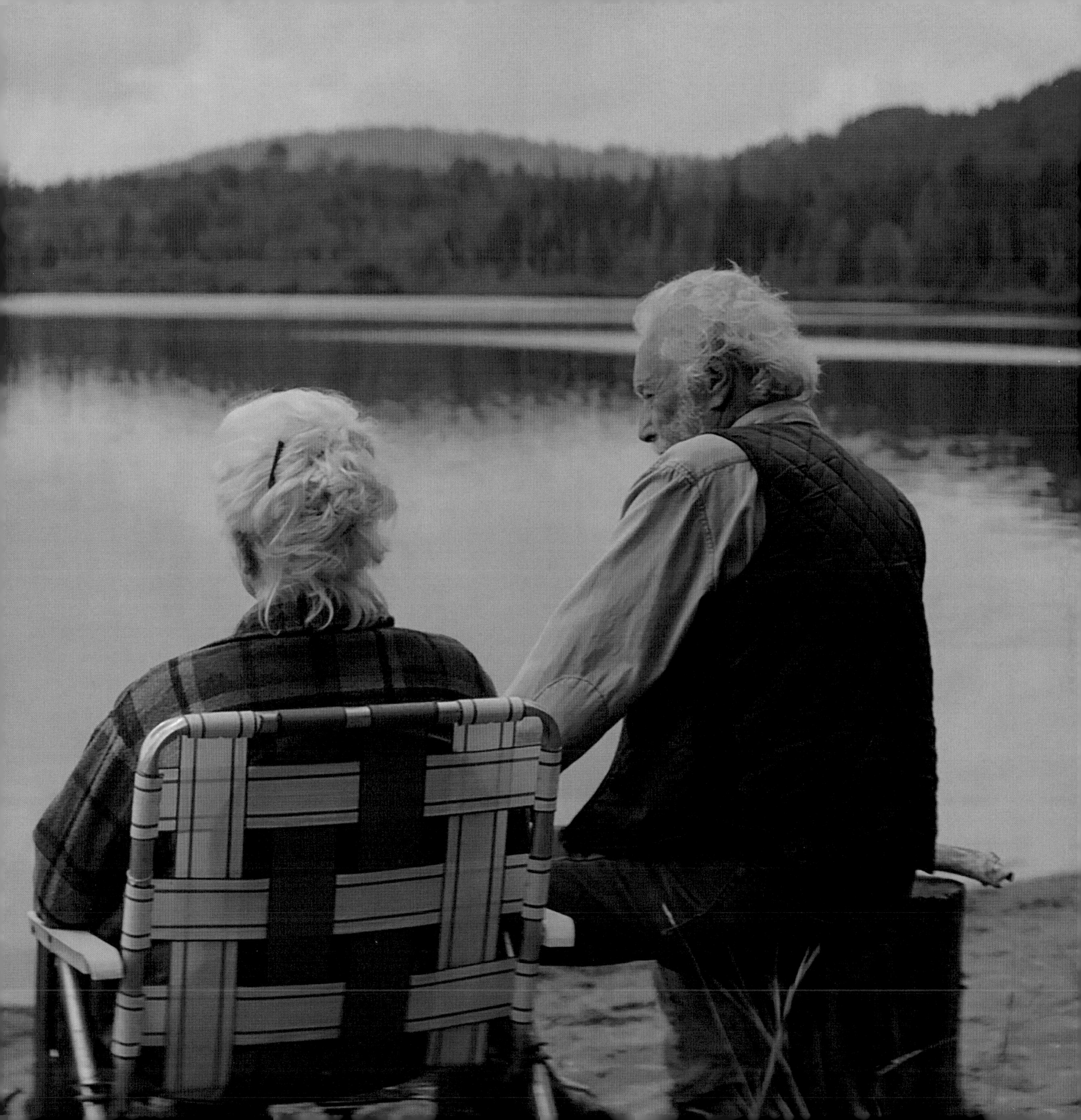

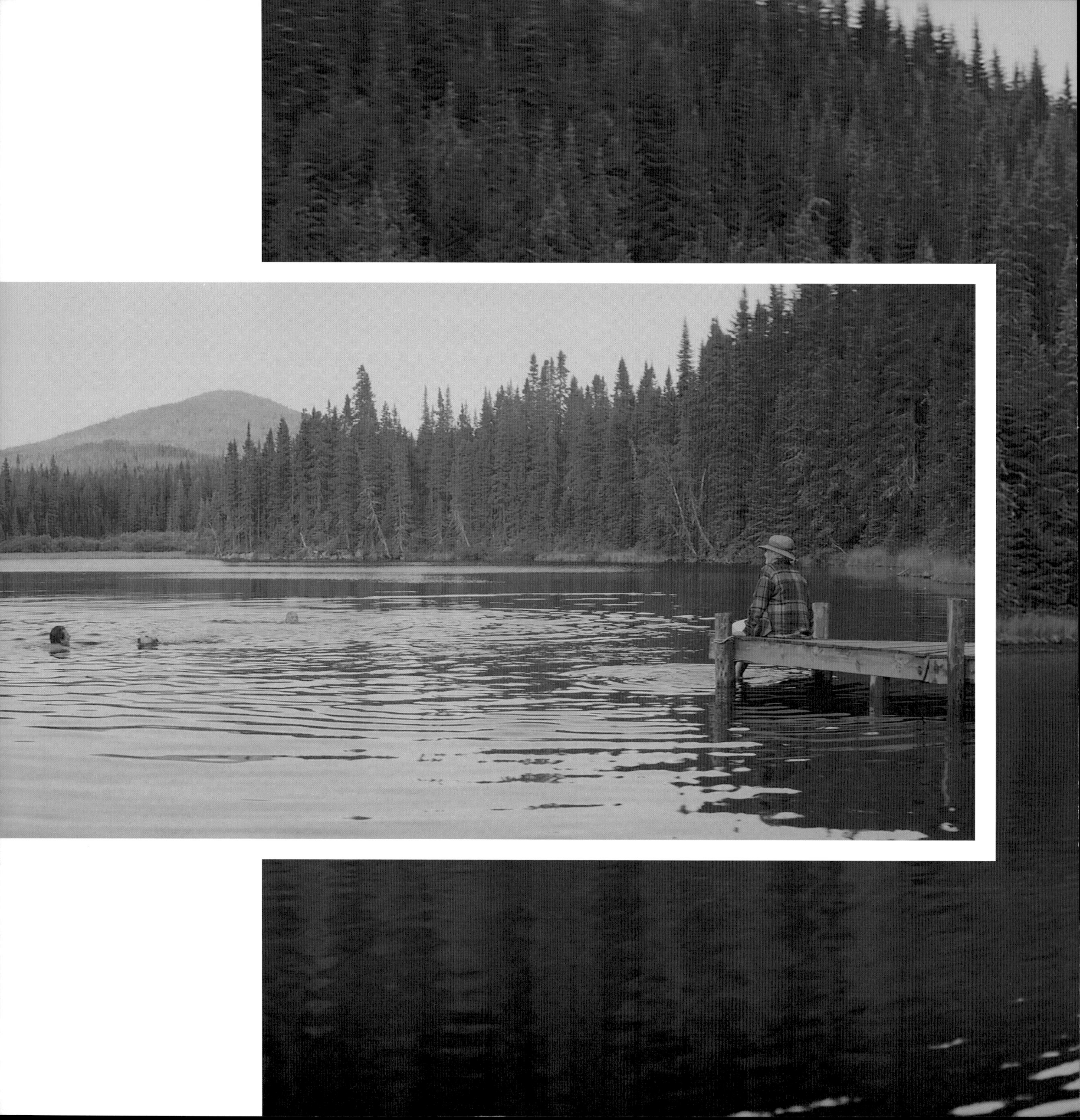

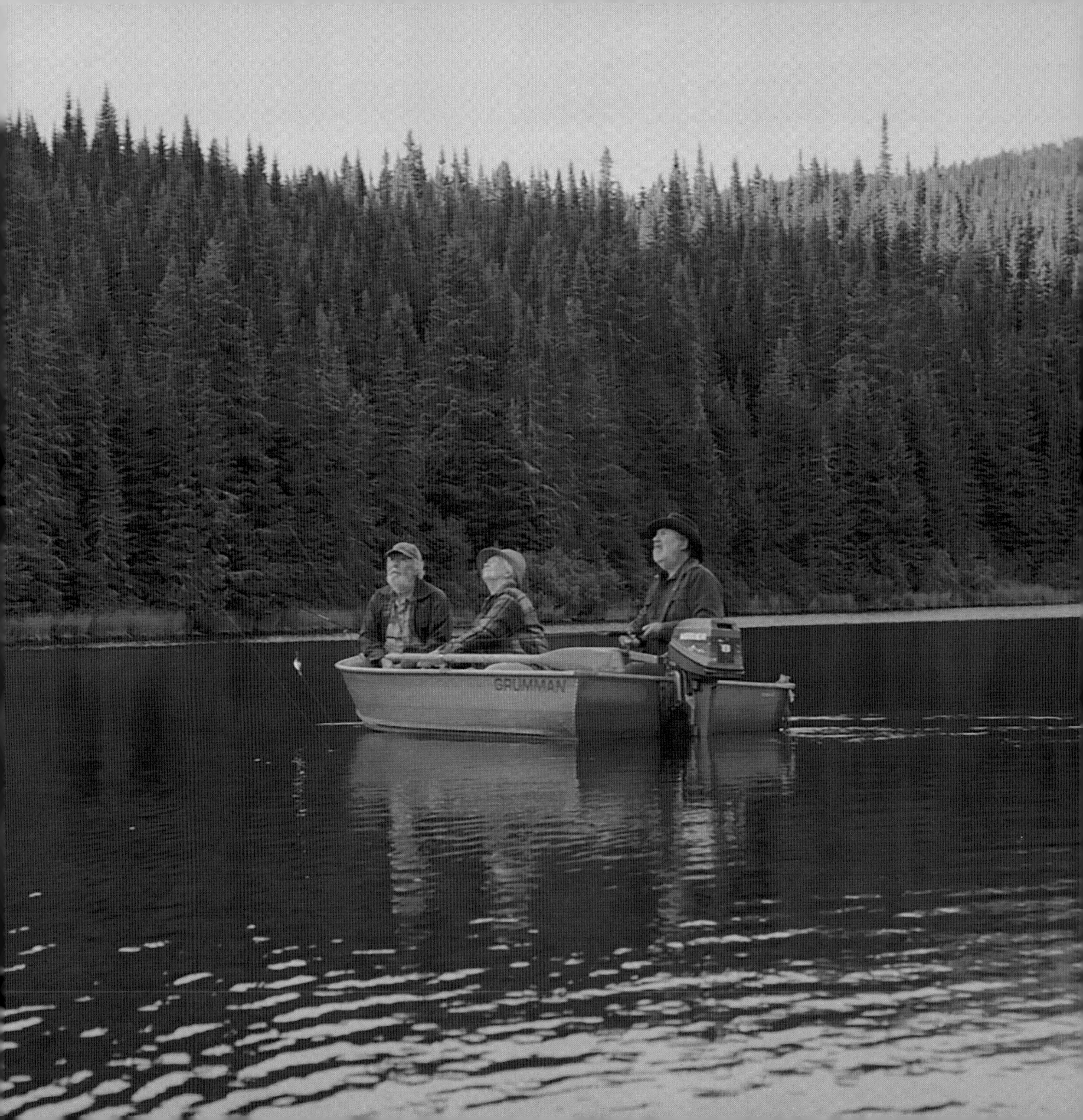
GRUMMAN

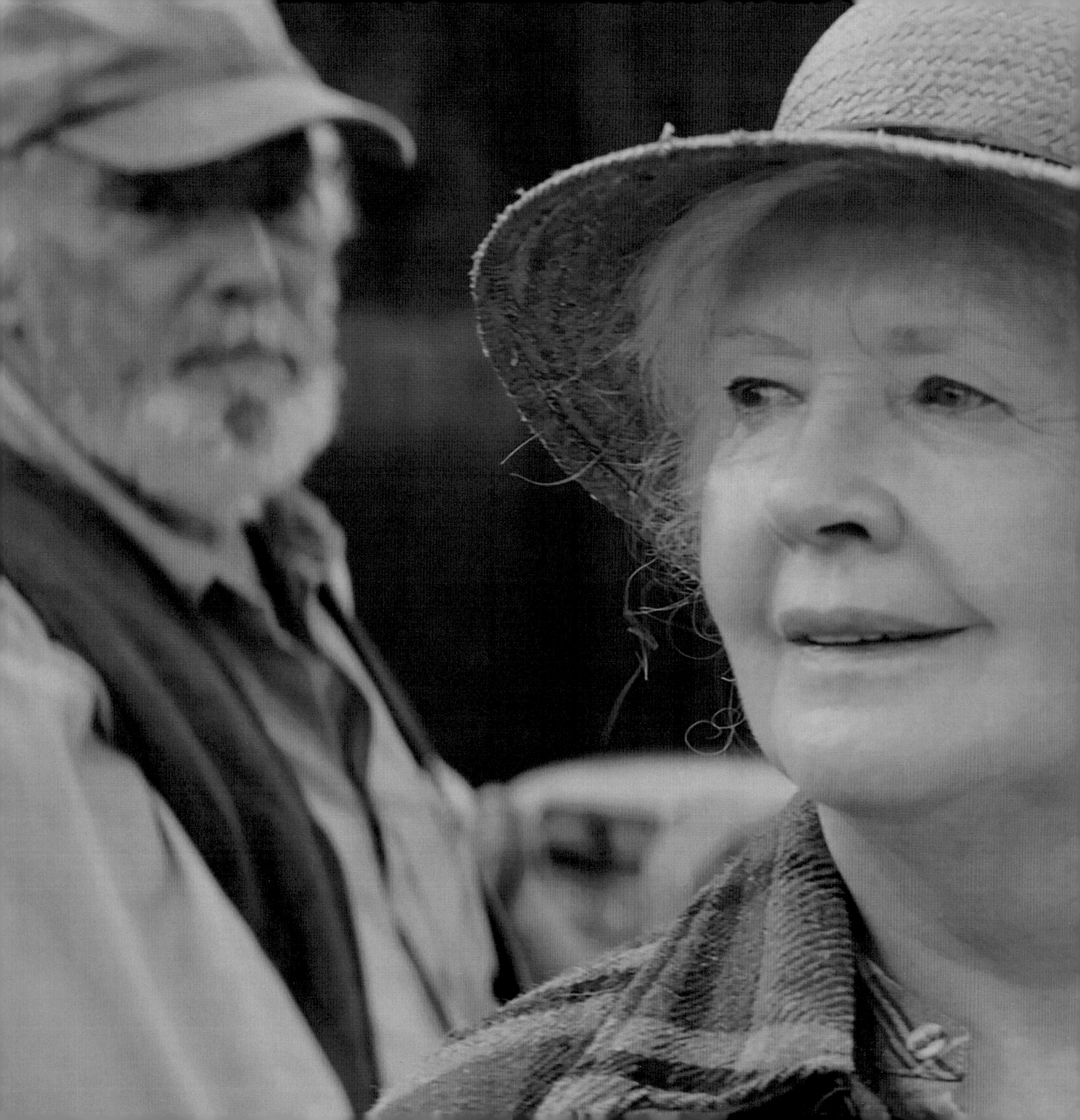

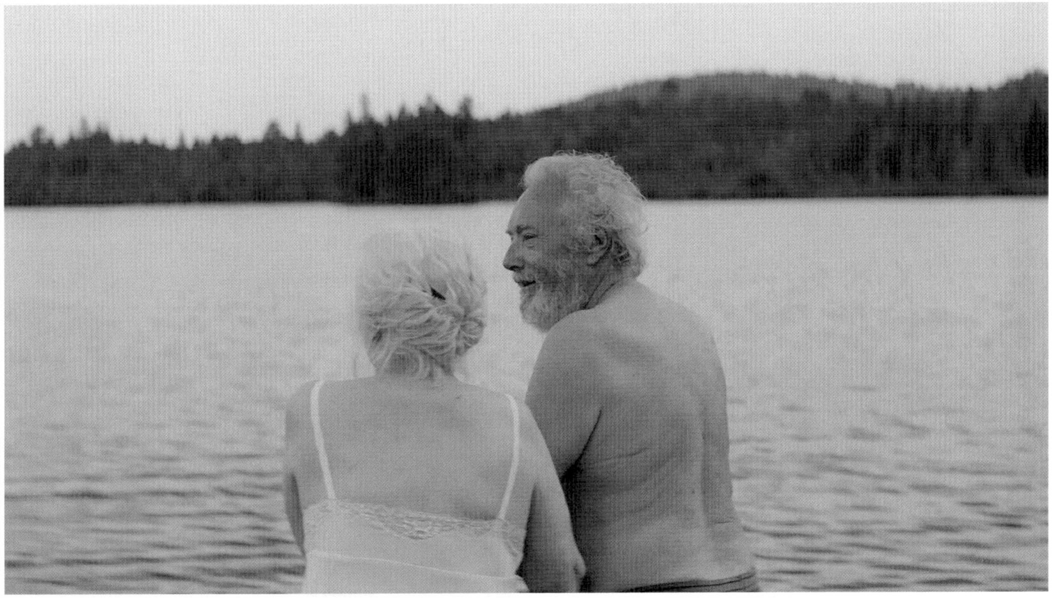

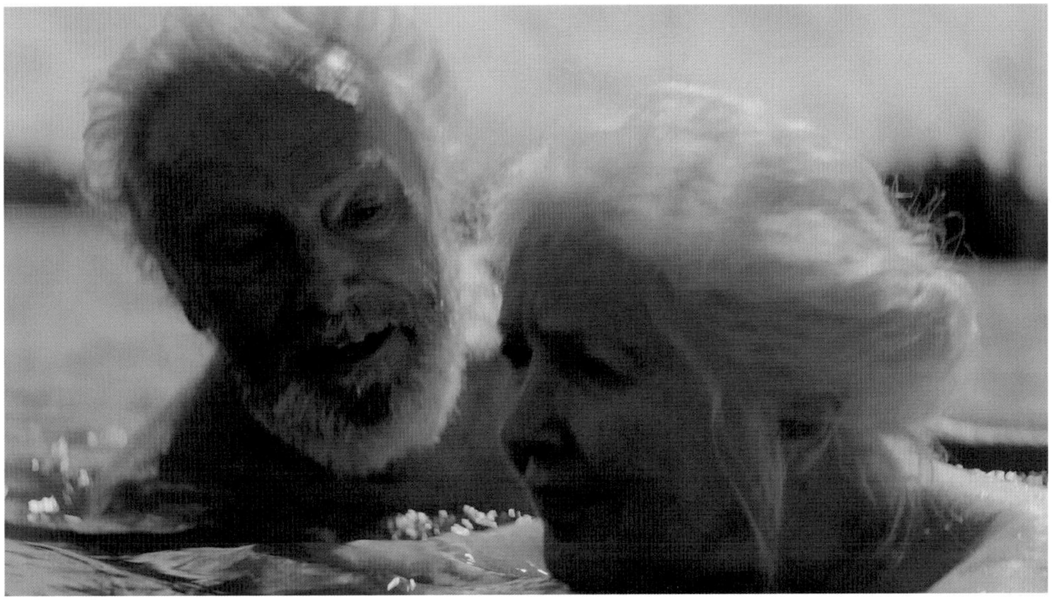

Parfois, souvent, constamment,
j'ai l'impression que mon âme
est trouée, grugée par
la noirceur. Je suis peut-être
hanté. Ou seulement sombre.
Hanté et sombre. Et toi,
tu es là, si lumineuse.

- Extrait d'une lettre de Ted Boychuck à Margie Polson

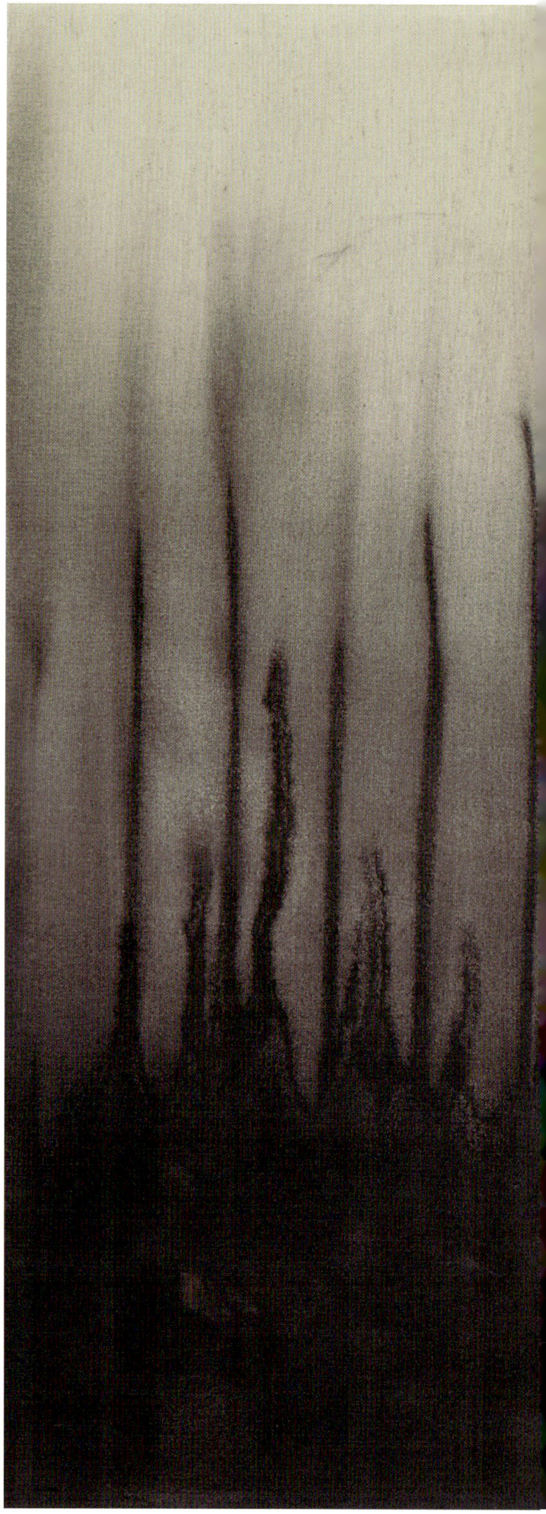

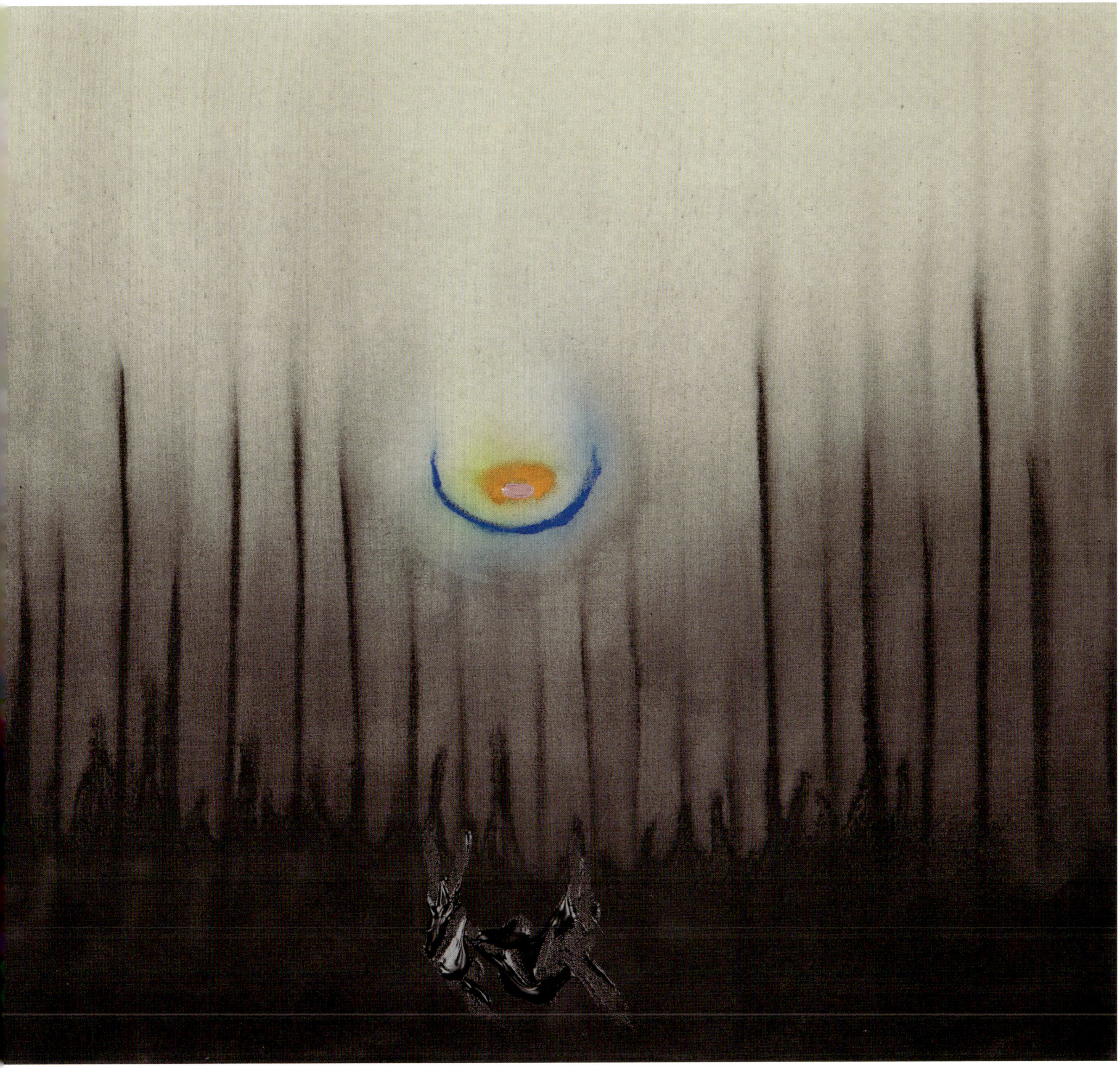

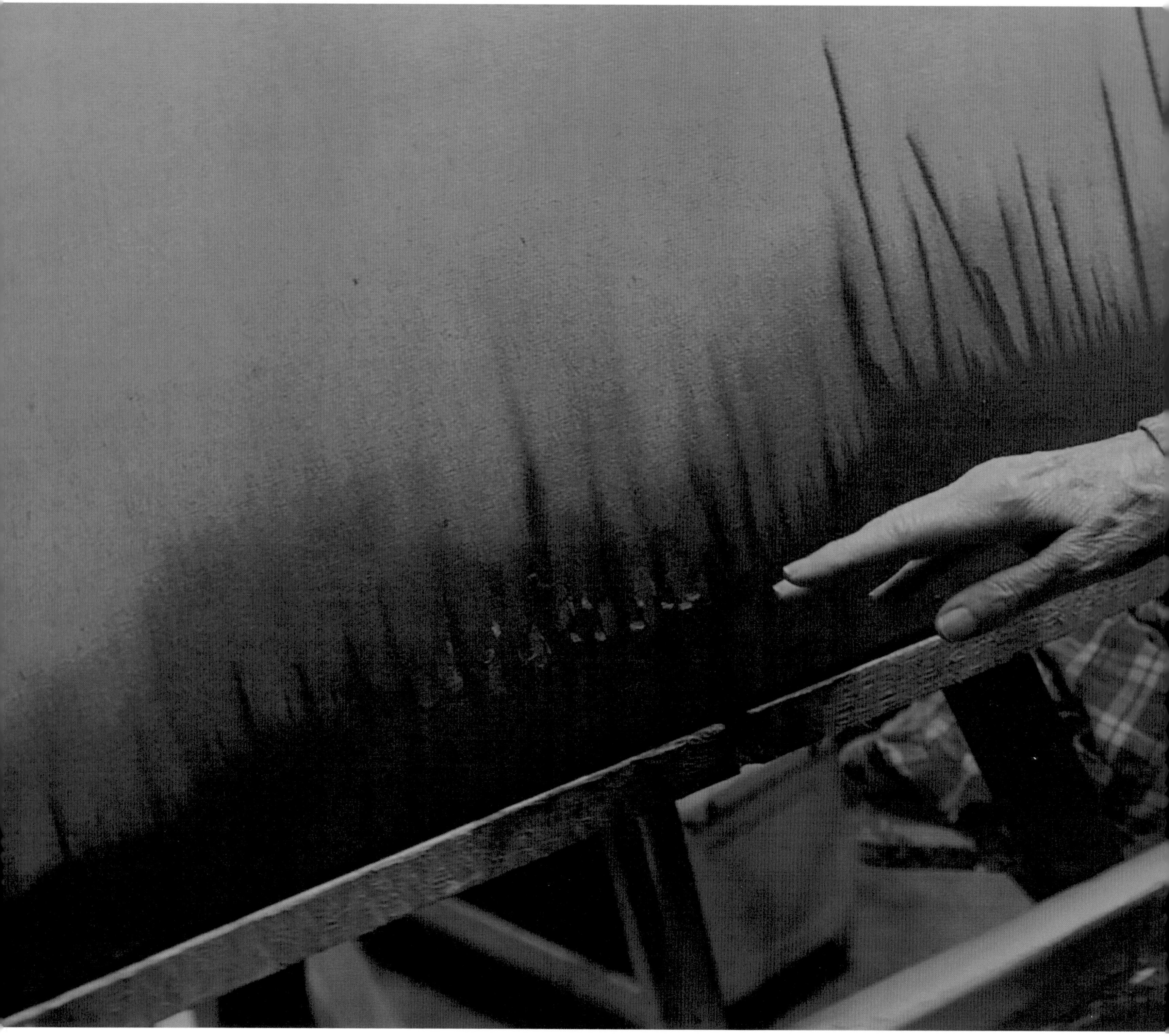

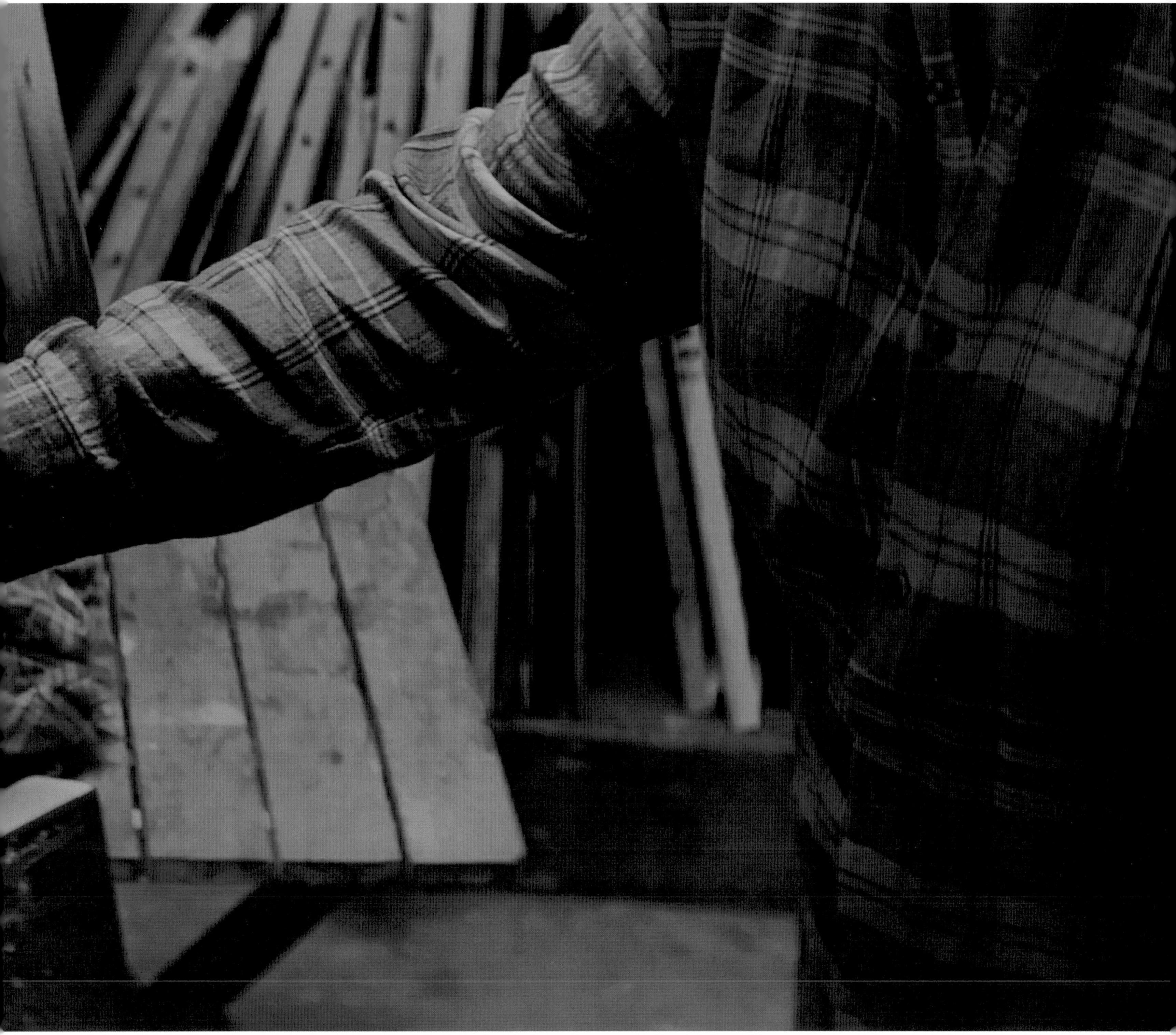

« REGARDE SES YEUX,
ON DIRAIT DES
PIERRES PRÉCIEUSES,
TU TROUVES PAS ? »

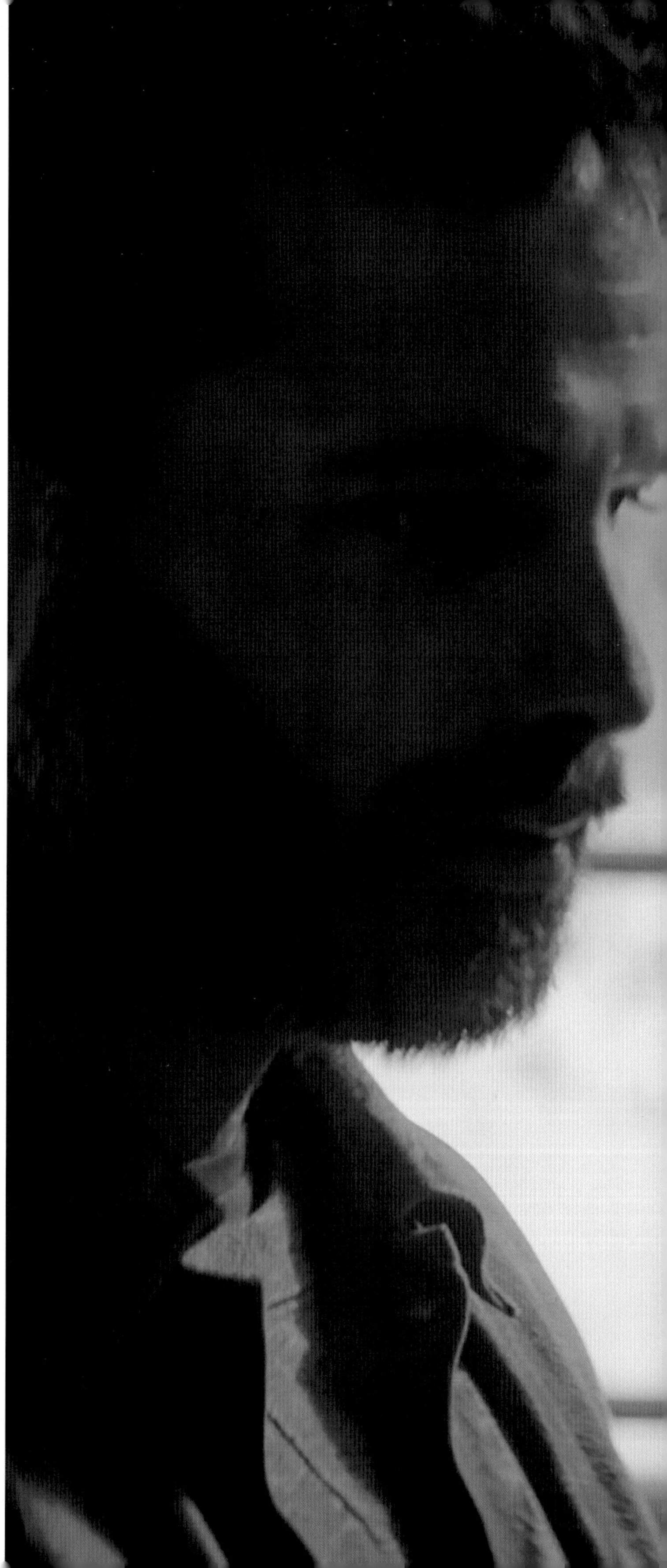

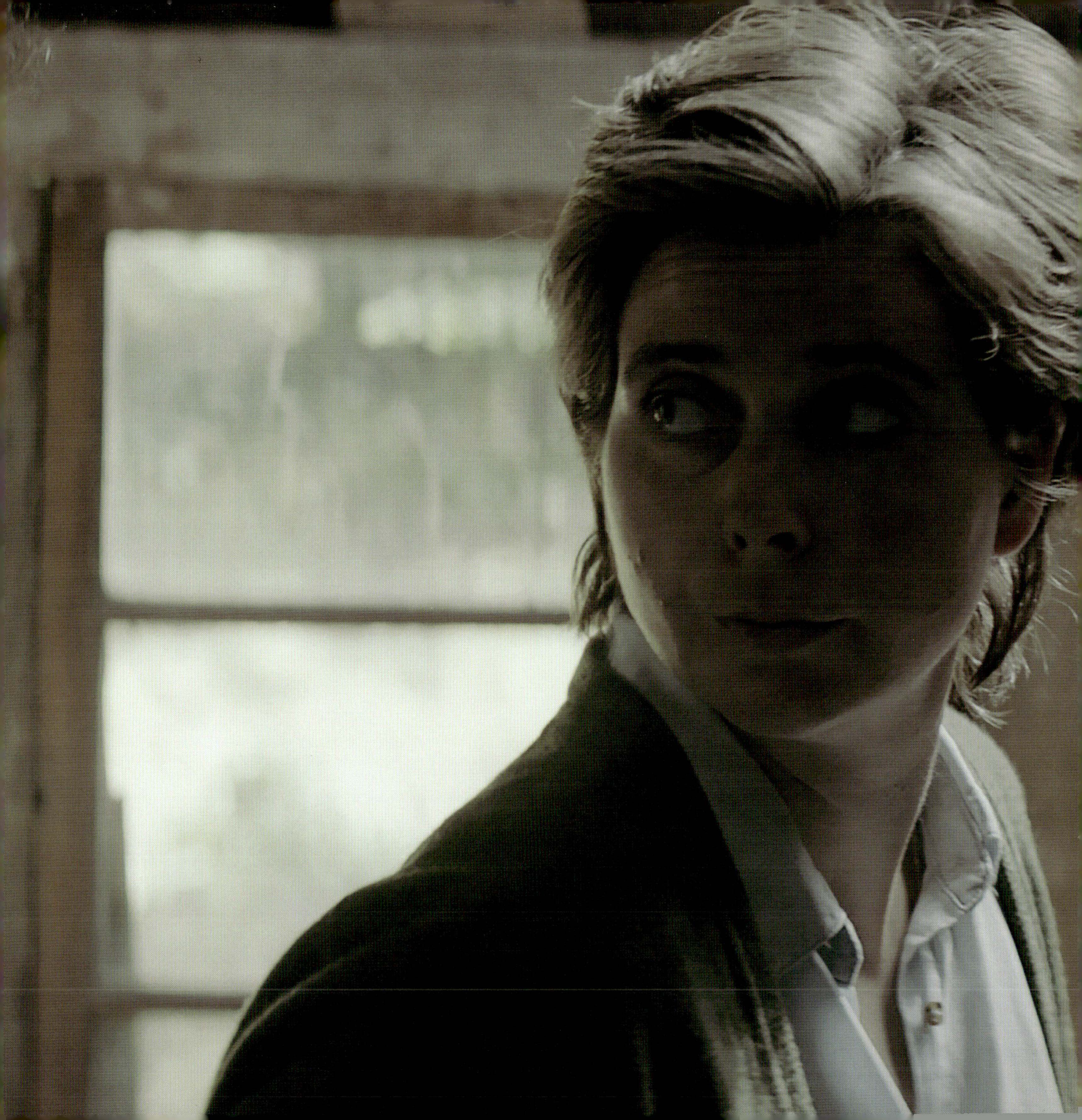

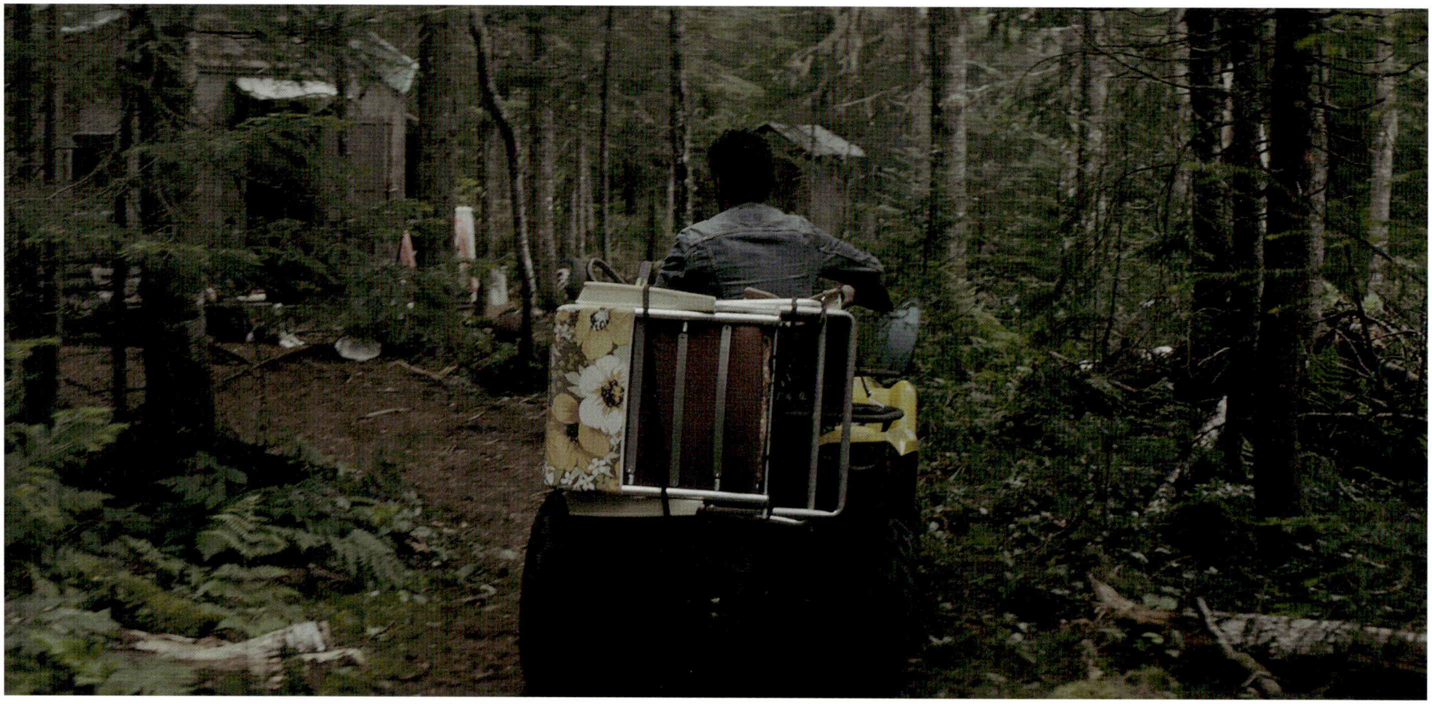

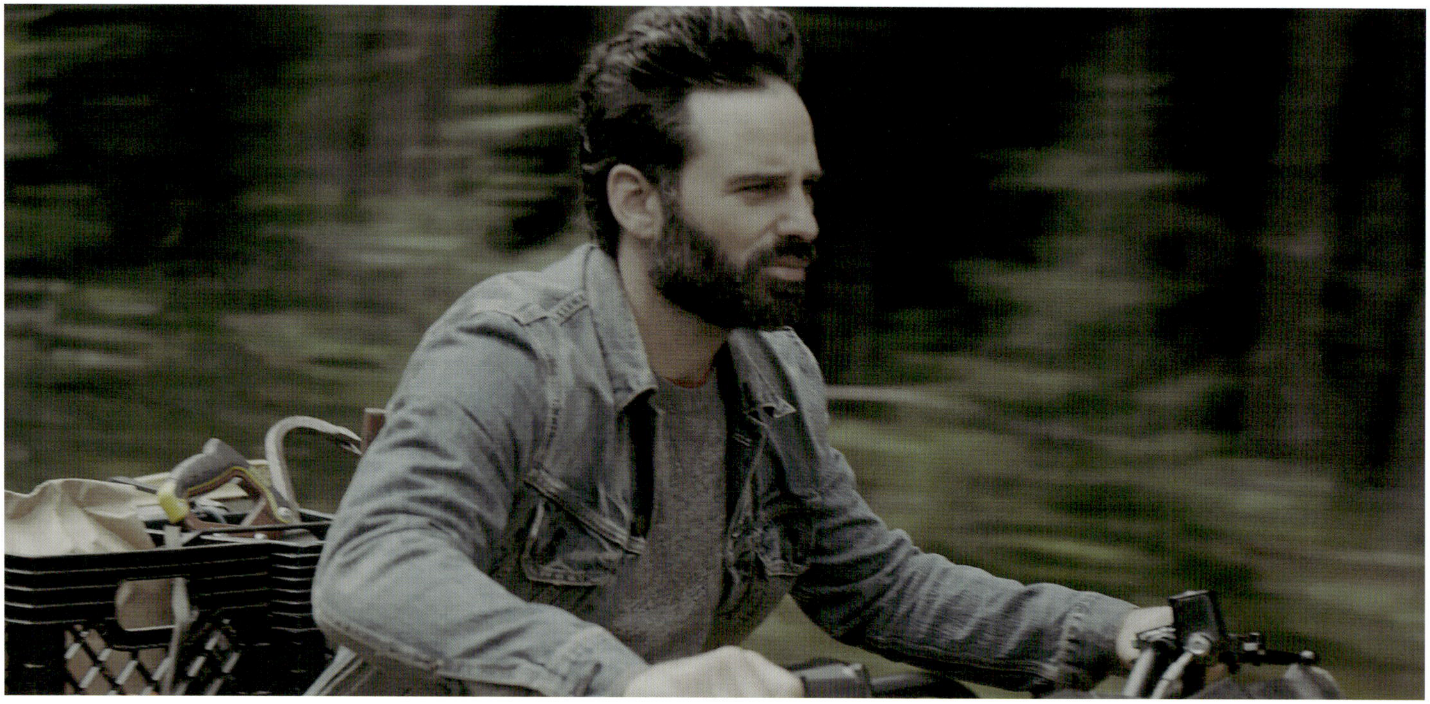

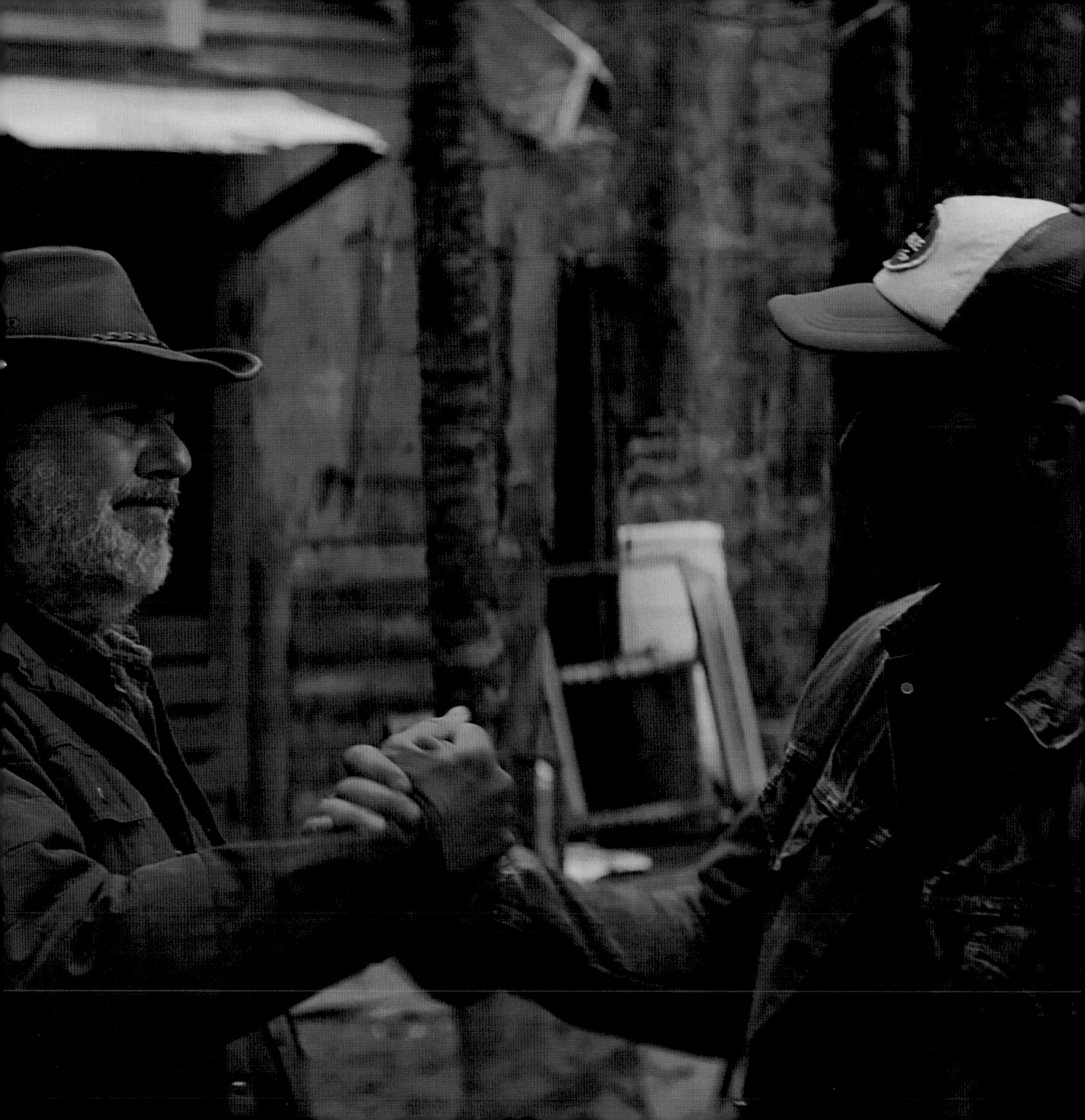

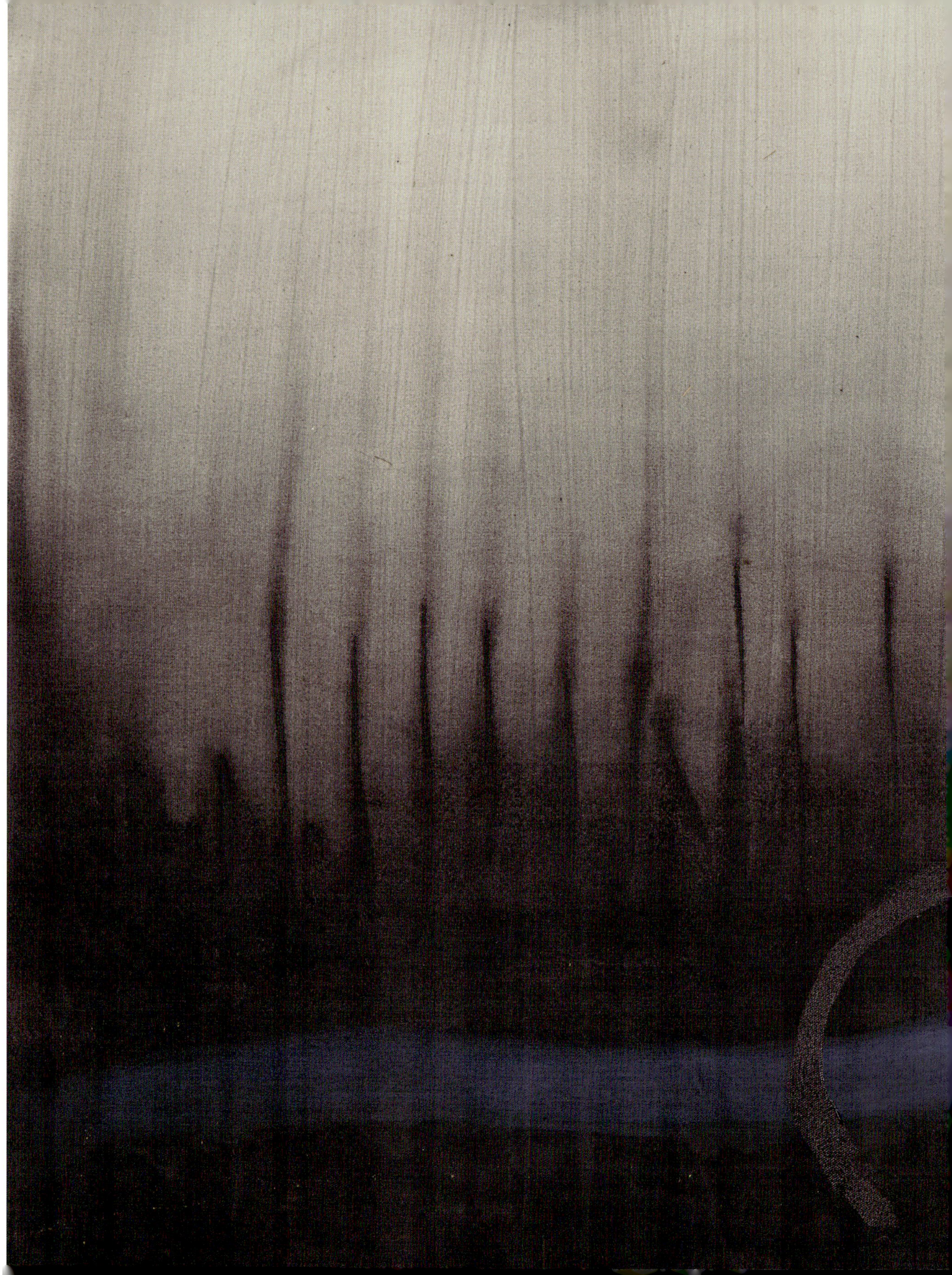

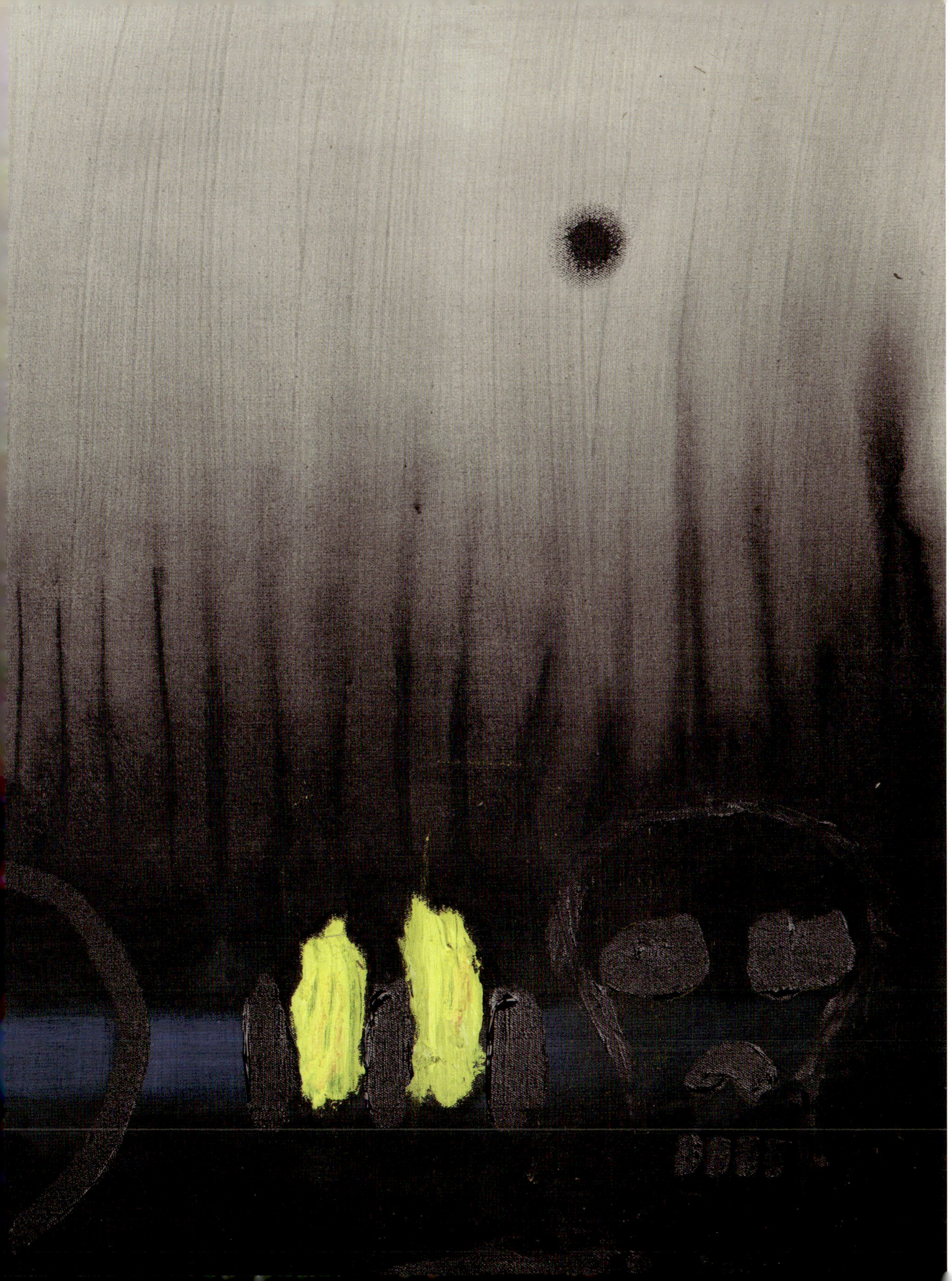

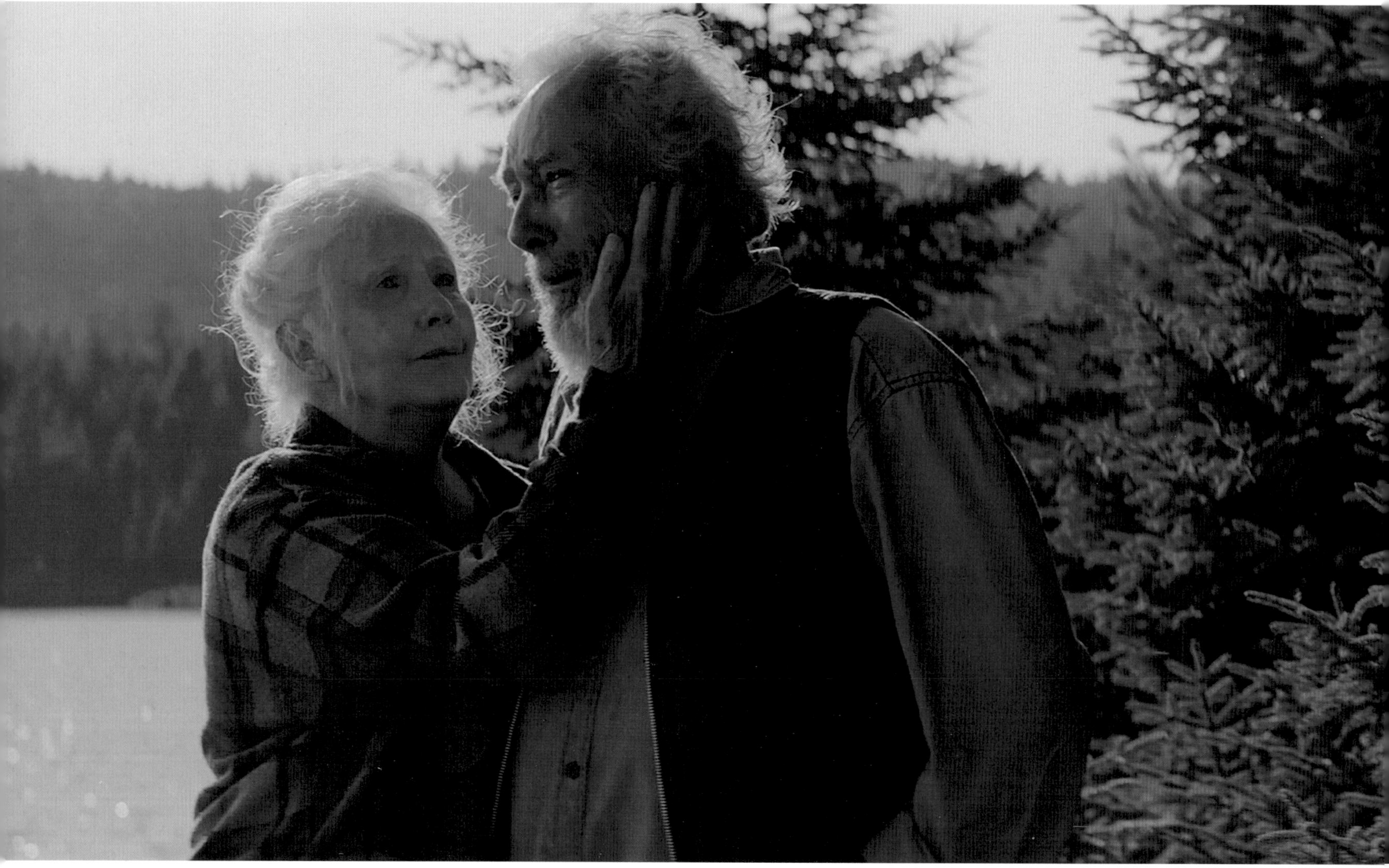

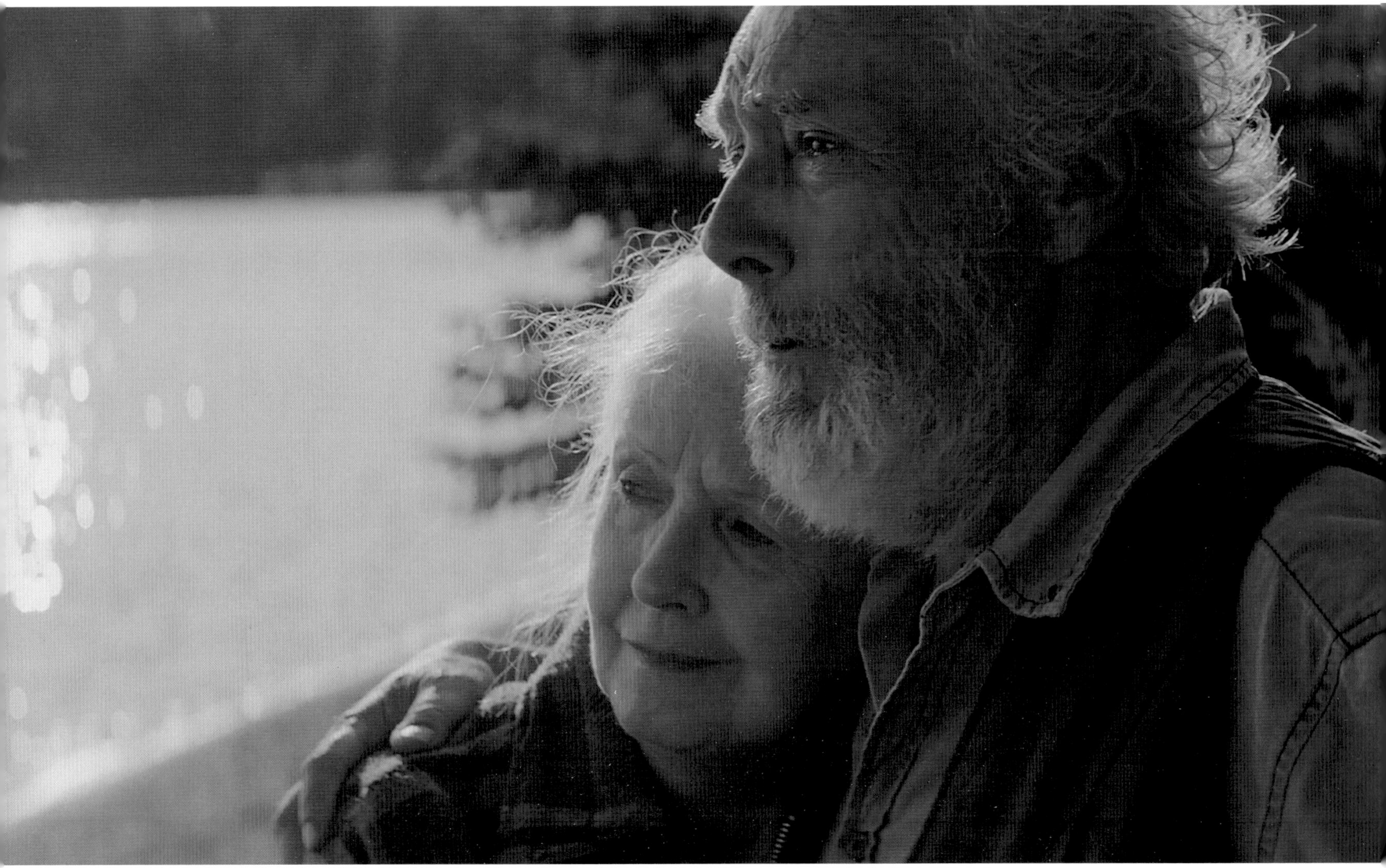

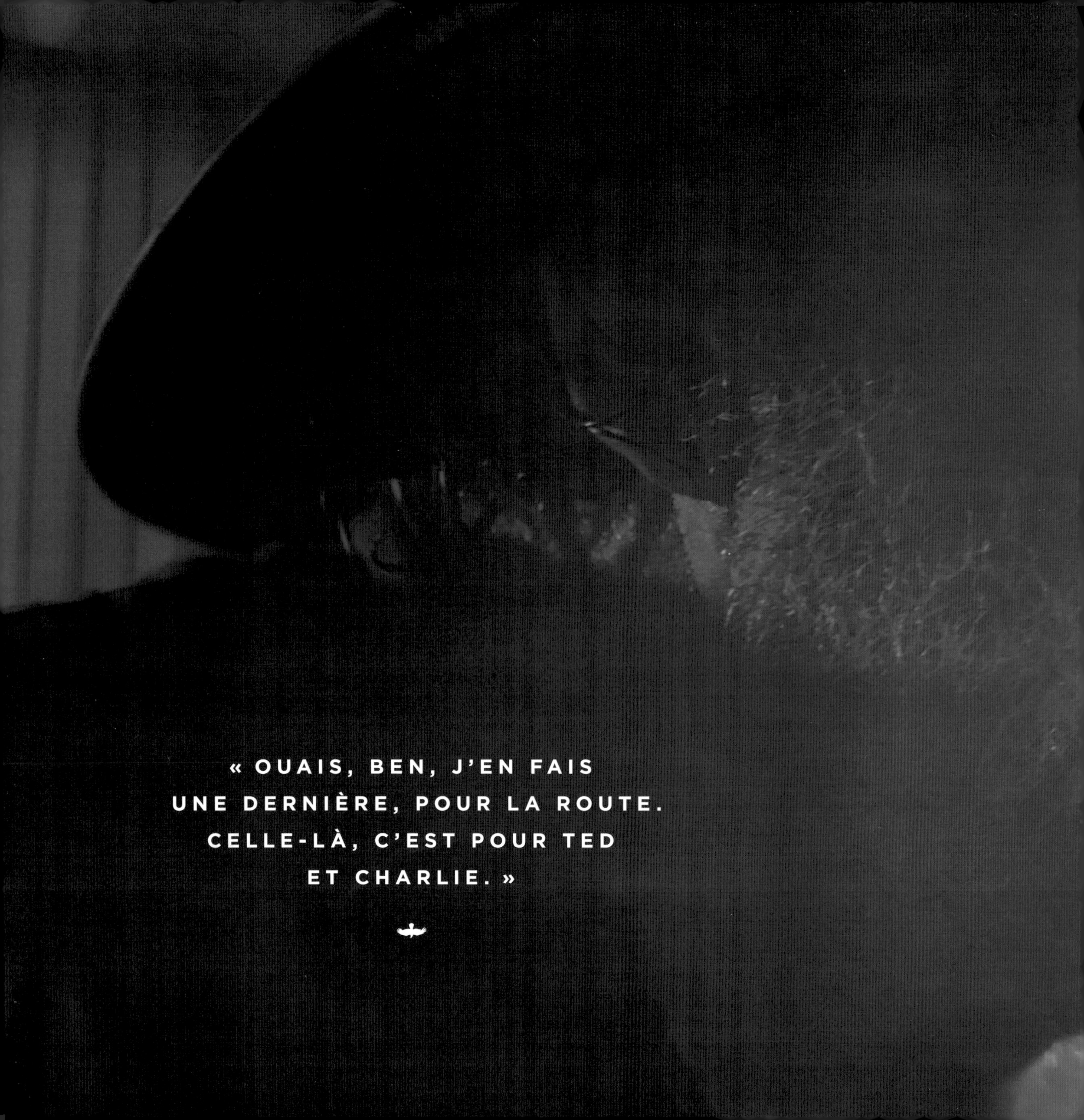

« OUAIS, BEN, J'EN FAIS
UNE DERNIÈRE, POUR LA ROUTE.
CELLE-LÀ, C'EST POUR TED
ET CHARLIE. »

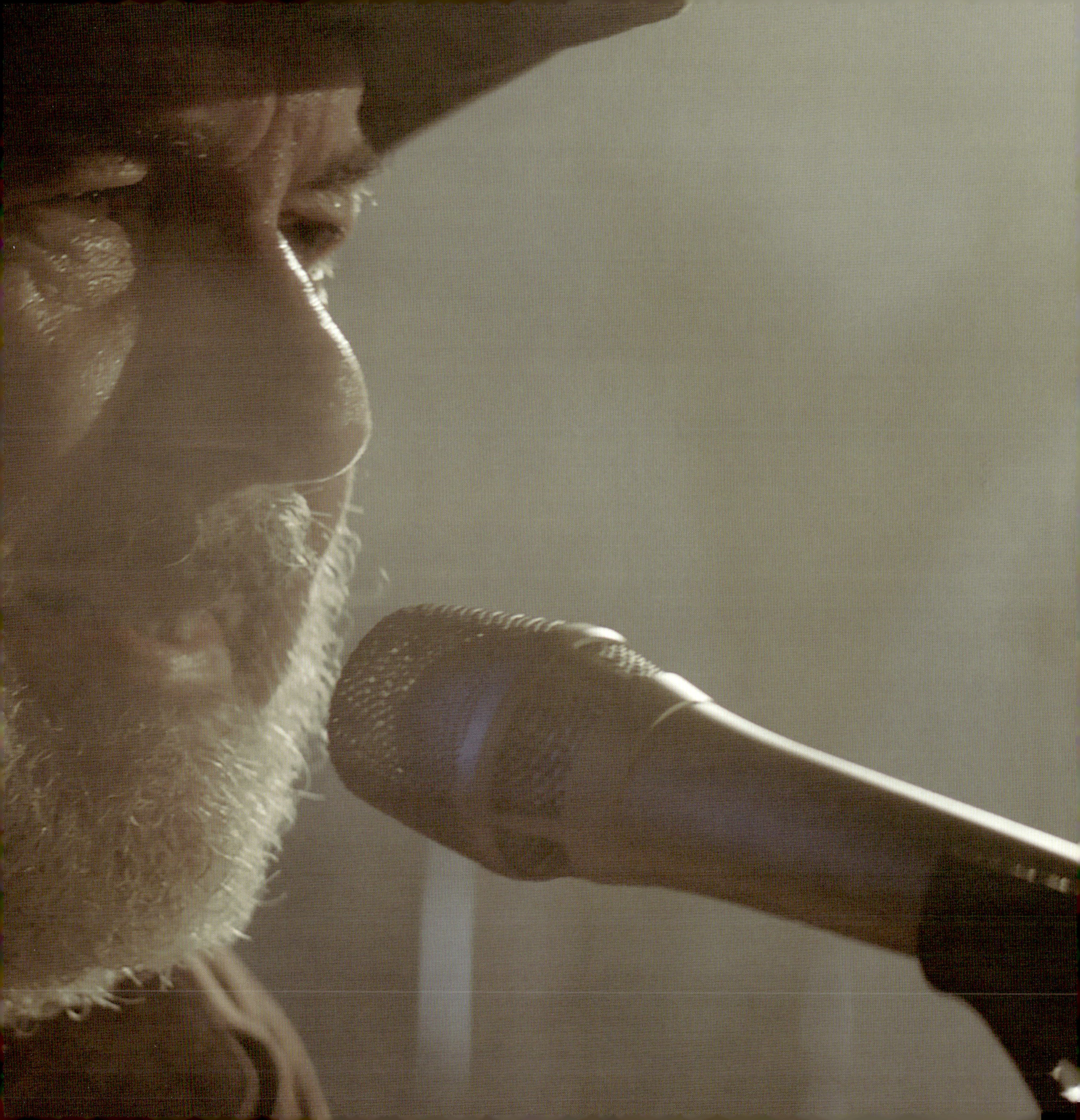

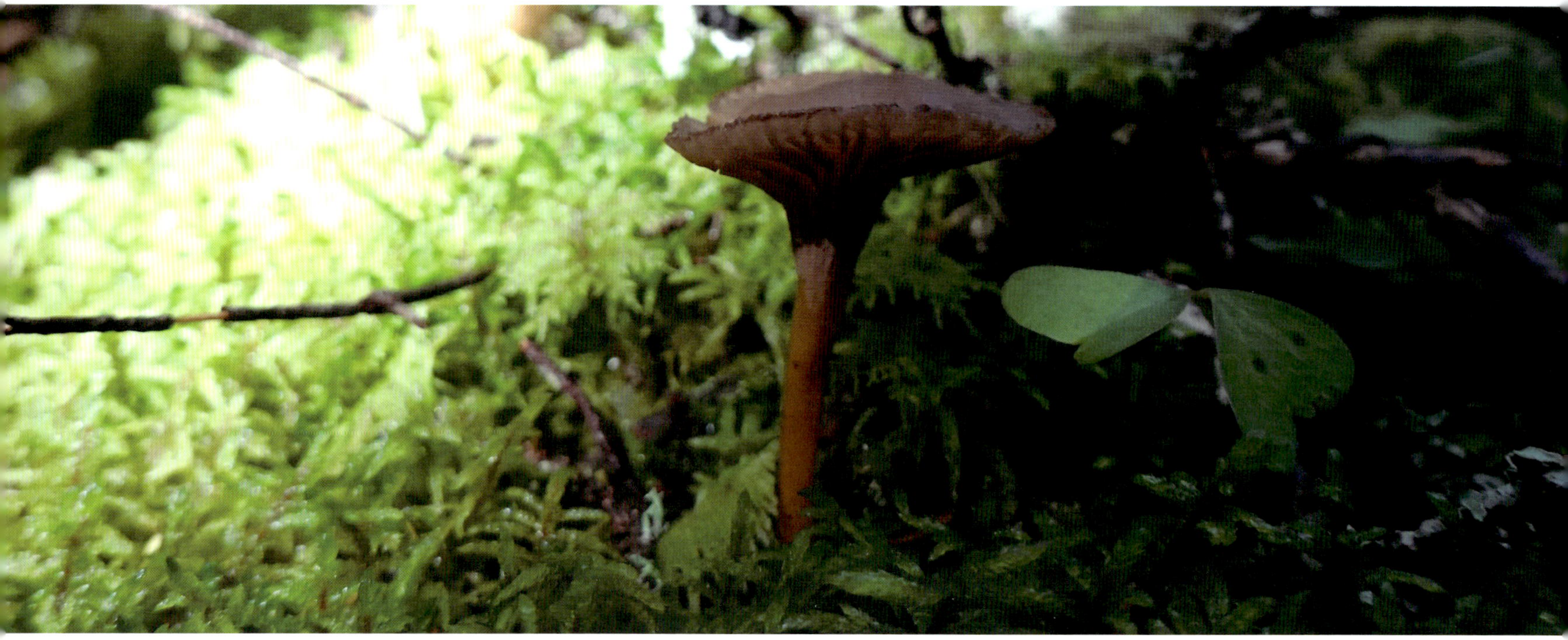

Paroles de forestiers

PAR DENIS MEUNIER ET HUGUES SANSREGRET

La forêt, celle que l'on appelle affectueusement « Mère Nature », est aussi synonyme pour moi de vie, de diversité... et de combats silencieux. Les arbres qui poussent côte à côte se livrent généralement une course pour la lumière. C'est un milieu fragile, protégé de l'homme par ses mythiques bêtes sauvages, mais surtout, par son armée d'innombrables insectes piqueurs !

Pour plusieurs personnes, c'est un milieu qui est devenu inquiétant malgré lui, et ce, parce que certains d'entre nous ont perdu contact avec la forêt. Elle, elle est restée la même. Les animaux et les végétaux sont demeurés similaires depuis des millénaires. Ce qui fait peur, c'est l'inconnu : lorsqu'on fréquente le bois régulièrement, on l'apprivoise, on apprend à lire les signes, et la confiance – vigilante ! – s'installe, on s'y sent bien.

Lorsqu'on apprend à connaître la forêt, on comprend que le vent et les insectes ravageurs sont des éléments cruciaux pour la régénération et la survie de l'écosystème. Même le feu est l'allié de la forêt boréale : c'est un agent qui survient à un moment bien précis, qui nettoie la forêt, ouvre de nouvelles voies pour les rayons du soleil, taille une place aux essences pionnières qui vont recoloniser l'espace, et alimente le sol en nutriments... Si un feu de forêt est une catastrophe pour l'être humain, ce n'est pas le cas pour la nature : j'irais jusqu'à dire que c'est un élément essentiel du cycle de la forêt boréale. On a d'ailleurs observé la disparition d'espèces fauniques et florisitiques dans les parcs où le feu a été éliminé à presque 100 %.

Il m'arrive de penser qu'il y a un parallèle à faire entre la capacité de la nature à supporter des phénomènes naturels et la façon qu'ont les humains de traverser des épreuves. On passe toute notre vie à les redouter, mais lorsqu'elles surviennent, la plupart d'entre nous trouvent la force de les surmonter.

La forêt est aussi un formidable révélateur de notre personnalité ! Le cerveau y est continuellement sollicité, puisqu'il y a tout le temps une décision à prendre, bien plus que quand on marche sur un trottoir, en ville. En forêt, c'est constant ; il faut décider où poser chaque pied, contourner les obstacles, repérer son chemin… Je ne crois pas qu'on puisse marcher en forêt tout en regardant son cellulaire bien longtemps. Une branche va te fouetter le visage et te ramener à l'ordre : *hé, t'es dans le bois, ou t'es pas dans le bois ?*

Cette forêt, celle qui m'a adopté, est au cœur de mon travail autant que de mes loisirs. Je n'ai pas fini de la découvrir et je compte bien la fréquenter toute ma vie. Elle me permet aujourd'hui d'être à son service afin de partager mes connaissances et mes expériences. Ce milieu qui a survécu à toutes les tempêtes et à toutes les générations se doit d'être mieux connu, mais surtout, d'être mieux compris et respecté. J'espère que le film *Il pleuvait des oiseaux* en inspirera quelques-uns dans ce sens.

DENIS MEUNIER,
Ingénieur forestier et conseiller sur le plateau de tournage du film

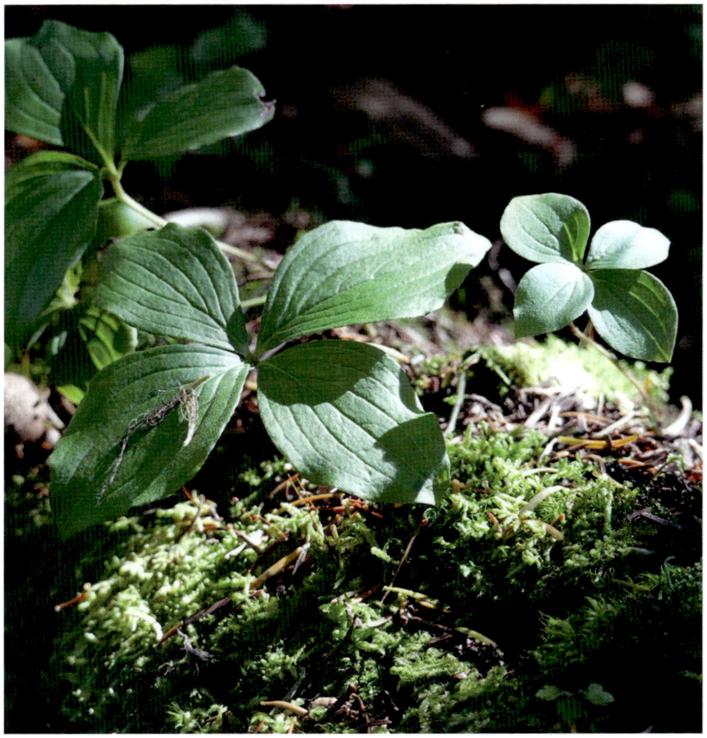

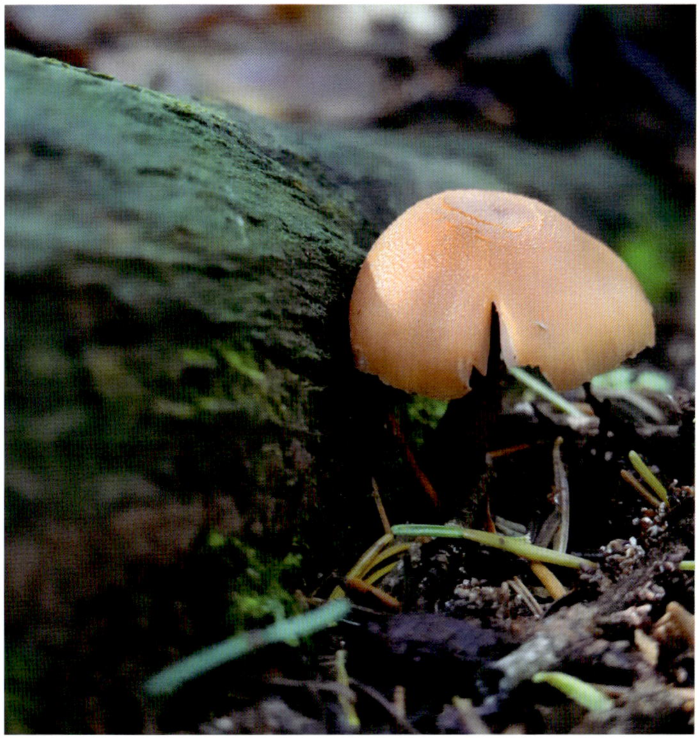

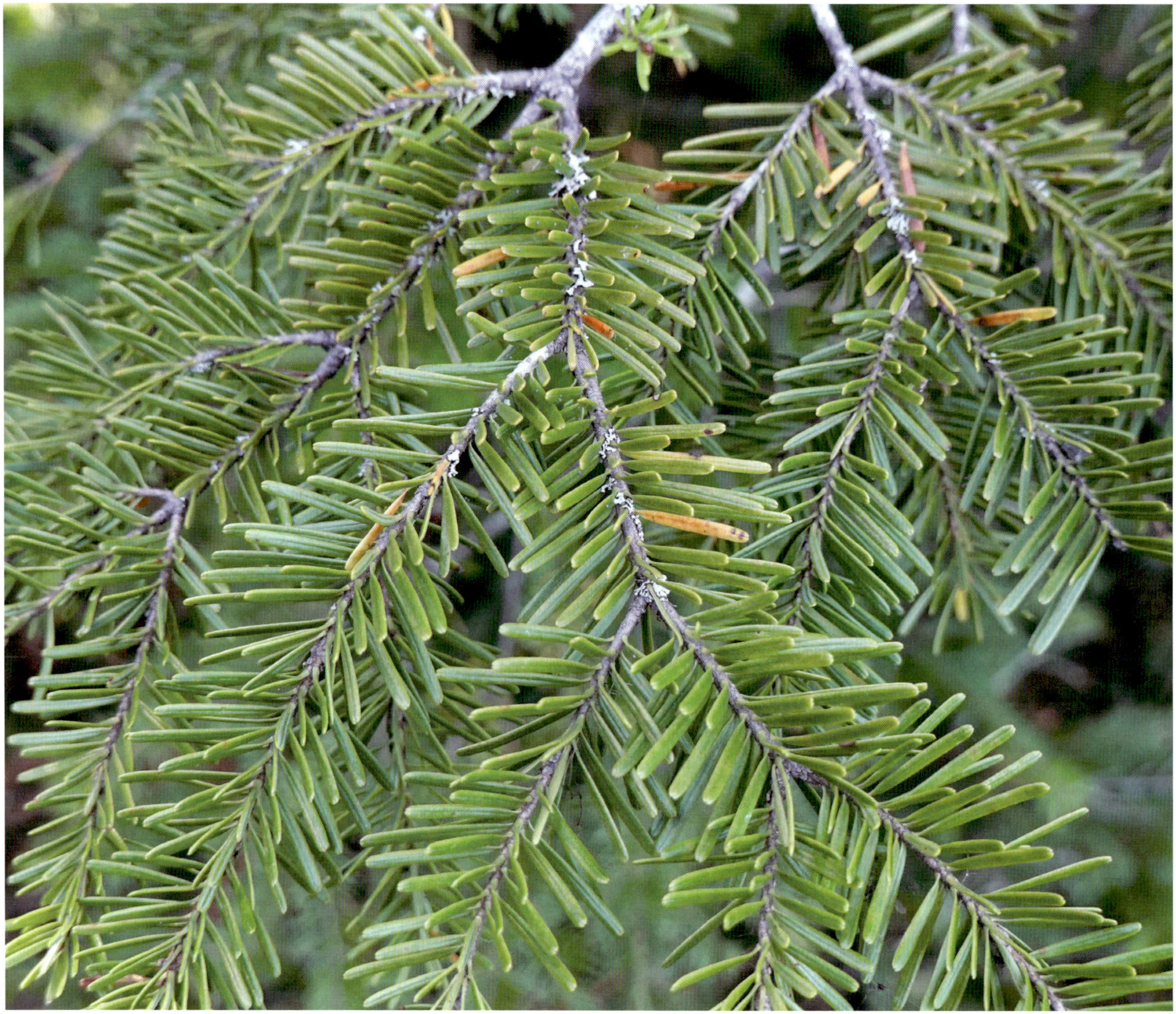

Je parle régulièrement de la forêt à des gens, des visiteurs curieux qui viennent la rencontrer et y chercher, souvent sans en être pleinement conscient, ce petit on ne sait quoi ? J'essaie, du mieux que je peux, de parler de ce qu'elle vit, ce qu'elle veut bien nous donner et de ce que l'on prend d'elle. Chacun et chacune, sa curiosité satisfaite, peut alors repartir la tête remplie de connaissances, d'idées et de données scientifiques qui, je l'espère, permettent de mieux comprendre la forêt et d'en parler à son tour.

C'est un noble travail que de faire découvrir ce savoir, cette connaissance, de mettre en lumière ces beautés. À travers ces thèmes, c'est de relations dont il est question : celle entre les humains et les forêts, celle entre le vivant et ce qui retourne à la terre. Une relation de causes à effets qui prend sa source dans le feu, dans le semis que l'on vient tout juste de planter ou encore dans ces odeurs que l'on saisit par une belle promenade au printemps. Ces relations adoptent différentes formes, différentes configurations, sont perceptibles d'une variété de façons. On se sentira touché par des impressions, un sentiment qui nous aura étonné, ou, encore mieux, par cette sensation qui nous habite lors de marches solitaires, à prendre la mesure du temps sous la voûte forestière.

Pour ceux et celles qui visitent la forêt, ce petit germe de relation, planté discrètement, s'il est bien nourri de rêves, arrosé de souvenirs et éclairé par des prises de conscience sur la beauté de nos étendues boisées, est appelé à devenir son arbre, le cœur de sa forêt intérieure.

HUGUES SANSREGRET,
Directeur des opérations de la Forêt Montmorency de l'Université Laval

Crédits

Tout le texte accompagnant les photos, à l'exception des préfaces et introductions de chapitres autrement attribués, est tiré du scénario du film *Il pleuvait des oiseaux*, écrit par Louise Archambault et inspiré par le roman éponyme de Jocelyne Saucier.

ÉLÉMENTS VISUELS DU LIVRE

p. VI: photo : Ginette Petit
p. VIII: photo de Jocelyne Saucier: Ariane Ouellet
p. X: photo de Louise Archambault : Annie St-Pierre | OUTSIDERS
p. XII: photo de Ginette Petit: Annie St-Pierre | OUTSIDERS
p. XIV: photo de forêt: OUTSIDERS
p. 16: image du feu: OUTSIDERS
p. 18: photo de forêt: Ginette Petit
p. 21: toile de Marc Séguin
p. 22-23: photo d'Eve Landry et photo de l'atelier: Mathieu Laverdière
p. 24-25: toiles de Marc Séguin
p. 26-27: photo d'Eve Landry et photo de toile de Marc Séguin: Mathieu Laverdière
p. 28-29: photo de Kenneth Welsh et photo d'Éric Robidoux, Andrée Lachapelle, Gilbert Sicotte et Rémy Girard: Mathieu Laverdière
p. 30: photo de forêt: Ginette Petit
p. 32: photo de Rémy Girard, Andrée Lachapelle et Gilbert Sicotte: Mathieu Laverdière
p. 34: photo de Rémy Girard, Gilbert Sicotte et Andrée Lachapelle: Mathieu Laverdière
p. 35-37: photo d'écorce: Ginette Petit
p. 38: photo d'Eve Landry, Rémy Girard et Gilbert Sicotte: Mathieu Laverdière
p. 40: photo de forêt: Ginette Petit
p. 42: photo de Kenneth Welsh: Mathieu Laverdière
p. 44: toile de Marc Séguin
p. 46: photo d'Eve Landry: Mathieu Laverdière
p. 48-49: photo de Rémy Girard et photo de Gilbert Sicotte: Mathieu Laverdière
p. 50-51: photos d'Edna Laflamme-Philbert, photo de Jean-Jacques Blanchet et photo de Francine Beaudry & Pierre Collin: Mathieu Laverdière
p. 52-53: photo de Patricia Nolin et photo de Denise Dubois: Mathieu Laverdière
p. 54: toile de Marc Séguin
p. 56: photo d'Andrée Lachapelle: Mathieu Laverdière
p. 58-59: photo de forêt et photo d'Andrée Lachapelle: Mathieu Laverdière
p. 60-61: photo de Gilbert Sicotte et photo d'Eve Landry: Mathieu Laverdière
p. 62: photo de Gilbert Sicotte: Mathieu Laverdière
p. 64: photo de Rémy Girard: Mathieu Laverdière
p. 66: photo de Rémy Girard: Mathieu Laverdière
p. 67: photo de rivière: Ginette Petit
p. 68: toile de Marc Séguin
p. 70: photo d'Andrée Lachapelle: Mathieu Laverdière
p. 72: photo de forêt: Ginette Petit
p. 74-75: photo d'Andrée Lachapelle: Mathieu Laverdière; photos de lac : Ginette Petit
p. 76: photo de Gilbert Sicotte et Diego le chien: Mathieu Laverdière

p. 78 : photos de Rémy Girard : Mathieu Laverdière
p. 79 : photo d'un clou fiché dans le bois : Ginette Petit
p. 80 : photo de cabane : Mathieu Laverdière
p. 82 : photo de Rémy Girard : Mathieu Laverdière
p. 84 : photo de Gilbert Sicotte et Andrée Lachapelle : Mathieu Laverdière
p. 86-87 : photos de Gilbert Sicotte, Andrée Lachapelle et Rémy Girard : Mathieu Laverdière
p. 88 : photo de Rémy Girard, Andrée Lachapelle et Gilbert Sicotte : Mathieu Laverdière
p. 90 : photos de Rémy Girard, Andrée Lachapelle, Gilbert Sicotte et Diego le chien : Mathieu Laverdière
p. 92-93 : photos de Gilbert Sicotte et Andrée Lachapelle : Mathieu Laverdière
p. 95 : toile de Marc Séguin
p. 96 : photo d'Andrée Lachapelle et toile de Marc Séguin : Mathieu Laverdière
p. 98 : photo d'Éric Robidoux et Eve Landry : Mathieu Laverdière
p. 100-101 : photos d'Éric Robidoux et Rémy Girard : Mathieu Laverdière
p. 102 : toile de Marc Séguin
p. 104-105 : photos d'Andrée Lachapelle et Gilbert Sicotte : Mathieu Laverdière
p. 106 : photo de Rémy Girard : Mathieu Laverdière
p. 108 : photo de champignon : Ginette Petit
p. 111 : photos de mousses et de champignon : Ginette Petit
p. 112 : photo de sapinage : Ginette Petit

CRÉDITS DU FILM

Une production des films OUTSIDERS
Distribuée au Canada par MK2 | MILE END
Ventes internationales par INDIE SALES COMPANY

Produit avec la participation financière de
SODEC - Société de développement des entreprises culturelles – Québec
Téléfilm Canada
Crédit d'impôt cinéma et télévision - SODEC
Fonds Harold Greenberg
Crédit d'impôt pour production cinématographique ou magnétoscopique canadienne

Avec la collaboration de
Radio-Canada
Super Écran – Une division de Bell Média inc.

Développé avec la participation financière du
Fonds Cogeco de développement d'émissions

Distribution principale
Andrée Lachapelle (dans le rôle de Marie-Desneige)
Gilbert Sicotte (dans le rôle de Charlie)
Rémy Girard (dans le rôle de Tom)
Eve Landry (dans le rôle de Raf)
Éric Robidoux (dans le rôle de Steve)

Louise Portal (dans le rôle de Geneviève)
Marie-Ginette Guay (dans le rôle de Mlle Sullivan)
Patricia Nolin (dans le rôle de Mme Polson)
Kenneth Welsh (dans le rôle de Ted Boychuck)

Un film de
Louise Archambault

Scénario et dialogues
Louise Archambault

D'après le roman de
Jocelyne Saucier, publié aux Éditions XYZ

Produit par
Ginette Petit

Productrice exécutive
Nathalie Bissonnette

Direction de la photographie
Mathieu Laverdière

Montage
Richard Comeau, CCE

Direction artistique
Marie-Claude Gosselin
Jean Le Bourdais

Décors
Julie Raymond

Conception des costumes
Caroline Poirier

Musique originale
WILL DRIVING WEST
David Ratté et Andréa Bélanger

Son
Jean Camden

Sylvain Bellemare
Stéphane Larivière
Bernard Gariépy Strobl

Distribution des rôles
Lucie Robitaille, ADCQ
Karel Quinn, ADCQ

Chef maquilleuse
Kathryn Casault

Chef coiffeur
Martin Lapointe

Entraînement des chiens
Josée Juteau

Les chiens
Woody (dans le rôle de Jack)
Diego (dans le rôle de Chummy)
Elza (dans le rôle de Drink)
Elmo (dans le rôle de Darling)

Distribution de la figuration
Julie Breton

Directeur de production
Yanick Savard
Supervision – Forêt Montmorency
Michel Gauthier
Directeur de postproduction
Pierre Thériault

Scripte
Johanne Boisvert

1re assistante à la réalisation
Catherine Kirouac

Les œuvres racontant l'histoire de Boychuck sont de
Marc Séguin © Marc Séguin | SOCAN (2019)

Remerciements

GINETTE PETIT

Je tiens à remercier Jocelyne Saucier pour avoir mis au monde l'univers de Charlie, Tom, Boychuck et Marie-Desneige. Merci à ma complice Nathalie Bissonnette, qui a toujours tenu ma main pendant la production du film. C'est grâce à elle si je peux continuer à déployer mes ailes dans ce monde de création. Comment souligner adéquatement le partage que j'ai entretenu avec Louise Archambault ? J'admire le talent et la ténacité de la réalisatrice, mais encore plus les valeurs humaines qu'elle met de l'avant dans ses films.

Merci à l'œil artistique de Mathieu Laverdière, qui a toujours su nous éblouir avec ses images. Quel talent immense !

Merci à Marc Séguin d'avoir dit OUI à l'aventure. Il incarne à lui seul toutes les valeurs véhiculées dans le film. Merci à Kimberlee Clarke d'avoir facilité tous nos échanges et l'organisation de notre travail.

Merci à nos comédiens principaux Andrée Lachapelle, Gilbert Sicotte, Rémy Girard, Eve Landry, Éric Robidoux, Kenneth Welsh, Louise Portal, Marie-Ginette Guay et Patricia Nolin. Ils ont incarné avec authenticité et dévotion les rôles plus grands que nature que leur offrait cette extraordinaire histoire.

Merci à mes deux amoureux de la forêt : Denis Meunier et Hugues Sansregret. Vous avez été des inspirations pour moi et vos enseignements vont maintenant toujours m'accompagner en forêt.

Merci à Georges Jr. Aubin et à ROYAL PHOTO pour la transmission de l'amour de la photo. Vous m'avez accompagnée avec générosité en périphérie du tournage, en m'offrant la possibilité d'avoir accès au meilleur équipement possible pour mes humbles compétences. Grâce à toi, Georges, j'ai pu capter les trésors de la forêt en toute quiétude.

Merci à Giacomo Nudi, Rocio Barba-Fuentes, Patrick Lussier, Audrey Barbier, Catherine Gadouas, Eugénie Gaillard, Karine Lapierre, Christine Blais, Nathalie Goodwin et son équipe, Sas Harris, Isabelle Martimbeau, Jan-Manuel Wodicka, Nicolas Rodi et Alain Baril. Sans vous, le travail au quotidien ne serait pas aussi paisible et plaisant.

Merci à mes parents et ma fratrie. Vous êtes mon véritable filet de sauvetage. Vos oreilles et votre soutien sont pour moi un bien très précieux.

Merci à Myriam Caron Belzile, avec qui j'ai travaillé dans le bonheur à faire éclore ce beau livre. J'ai beaucoup appris en la regardant œuvrer avec un professionnalisme hors du commun. Merci à René St-Amand pour cette mise en page si inspirante. Merci à toute l'équipe de XYZ d'avoir accepté cette aventure. Merci à Alexandrine Foulon, Arnaud Foulon, Sandra Felteau et Geneviève Harvey.

Enfin, merci à toi, Stéphan Dietrich, pour tout l'amour que tu portes dans ton cœur et pour ce courage que tu m'insuffles jour après jour. J'ai beaucoup de chance de te savoir à mes côtés.

Suivez-nous :

Imprimé en septembre 2019 sur les presses de Marquis-Livre,
Montmagny, Québec, Canada

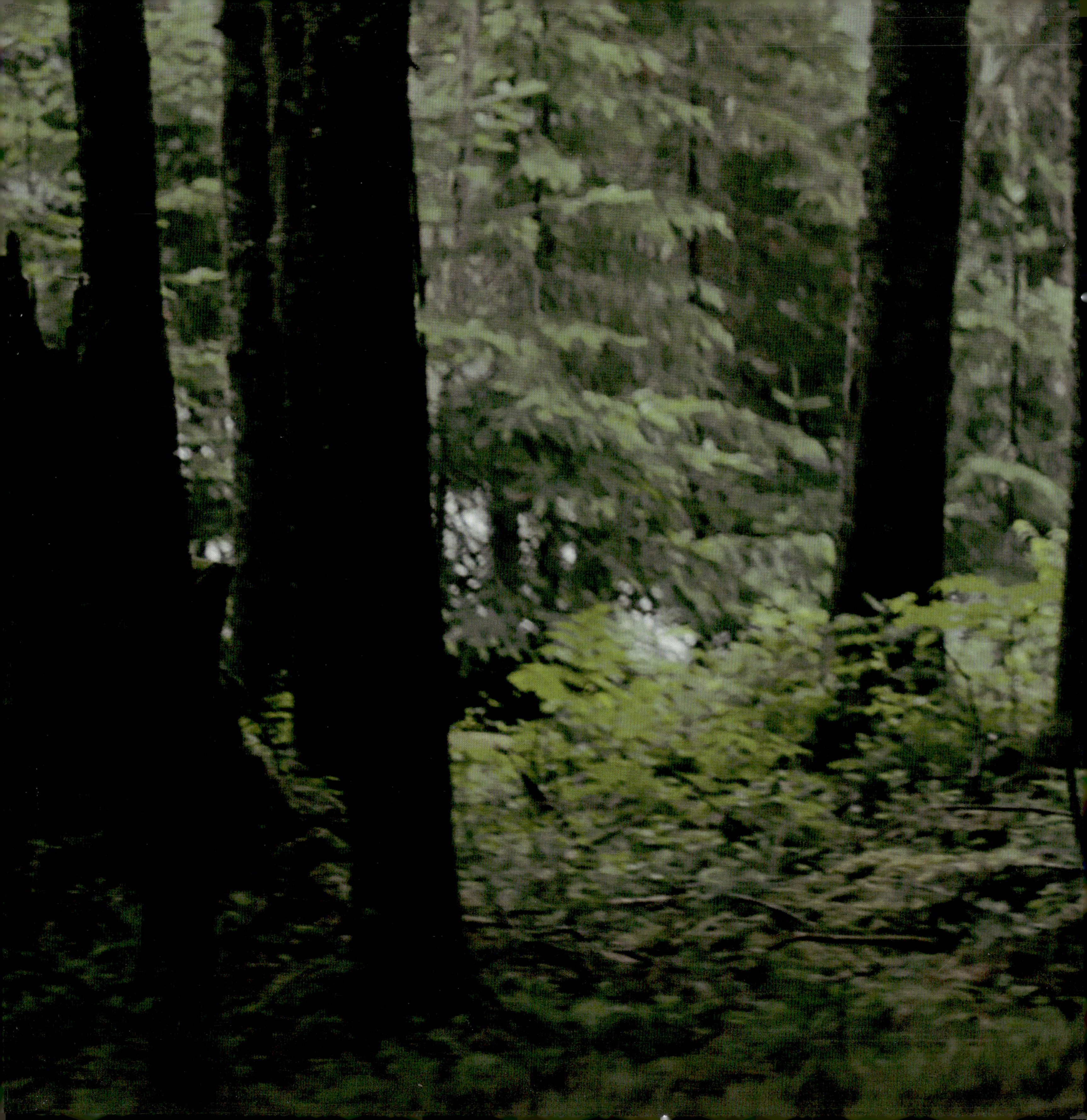